大展好書　好書大展

品嘗好書　冠群可期

大展好書　好書大展
品嘗好書．冠群可期

中國武術規定套路③

中國武術系列規定套路編寫組　編寫

八極拳

大展出版社有限公司

前　言

中國武術素以歷史悠久、內容豐富、流派眾多而著稱。據 1986 年業已結束的中國全國武術挖掘整理工作調查統計：在中國源流有序，拳理明晰，風格獨特，自成體系的拳種有 129 個。

爲了使這些古老拳種重放異彩，更好地爲全民健身服務，爲武術走向世界創造條件，國家體育總局武術運動管理中心、武術研究院從 1995 年開始，對一些流傳廣泛、影響較大的拳種進行了系統的整理，並在此基礎上創編了系列規定套路。

首批列入系統研究整理的拳種包括：螳螂拳、劈掛掌、八極拳、形意拳、八卦拳、南拳、少林拳、太極拳、通臂拳等等。

系列規定套路拳種整理工作得到了各有關單位領導的大力支持，也得到了部分老武術家、老拳師和武術工作者的極大幫助，在此謹表謝意。

由於我們水平有限，工作中難冤有不足之處，敬請各位讀者批評指正。

編者

前
言

目　錄

5

目

錄

八極拳

第一章

八極拳簡介

第一節　八極拳的源流

八極拳是我國北方拳種之一，又稱「開門八極拳」「岳山八極拳」「八技拳」「八忌拳」「把計拳」「巴子拳」「坐煞型」等。

該拳發源於河北滄縣孟村鎮（今孟村回族自治縣城關鎮）。據《滄縣志》載：「吳鐘北方八門（極）拳術之初祖也，字弘聲，孟村鎮天方散人。」吳鐘（忠）生於康熙五十一年，卒於嘉慶七年（公元 1712～1802 年）。其籍貫有山東省海豐縣和河北慶雲縣人之說，民族有回、漢兩種說法。

八極拳始於清朝雍正年間。據《滄縣志》載：「吳鐘（忠）八歲就傳，聰慧過人，年甫弱冠，勇力出眾，遂棄書學技擊……一夜方舞劍庭中，有頹然自屋而下者，黃冠羽士也，叩其姓字不答，坐（座）談武術，皆聞所未聞，繼演技擊，更見所未見，遂師事之，受八極之術。道士留十年，忽曰：『吾術汝盡得之，吾將逝矣。』鐘泣而拜曰：『十年座下，貺我良多，惟以不知師之姓名為憾。』道士慨然曰：『凡知癩字者，皆吾徒也。』言罷辭去，不數武杳然無蹤。逾二年又一人來談，次知為癩之弟子，亦秘其姓氏，惟曰：『吾癖字也。』贈八極秘訣一卷，並傳授大槍奧秘……當時

京師有神槍吳鐘之稱……尊癩為一世，癖、鐘為二世焉。」

據《羅疃拳譜》記載：八極拳出於河南嵩山少林寺，此拳自古發跡，後有山東海豐縣莊科村富翁吳忠老先生，素若拳術。清雍、乾年間，攜資投少林寺，拜當家老禪師座前受業……隨師學八極拳及氣功三年，藝業過人，望籍而歸，遍歷名山大川，直至陝西延安西北梭羅塞，與癩魁元學六合大槍及其他器械。

後吳忠歸鄉里，在山東直隸一帶做保鏢並設場授徒……後至滄洲東南村鎮，有吳永亦練多年，與吳忠談技，甚為投機……拜吳忠為師，吳永經二十年指教，其業大成。

舊《天津日報》「武當把計」一文中寫到：「……先師姓吳名仲字弘聲，係山東海豐縣人氏，當乾隆十二年，曾受業於馬勝鏢為師。馬師故去，乃遍訪名師高友，遊至山東、河南，梭羅山有一名師姓癩名魁元，自投門下。跟師學藝八年，辭師下山，至天津南域水右，設場教弟子數年，厚爺所傳八極拳，陸合槍……等，至乾隆五十六年，又赴滄州城南孟村鎮，設場數載，將藝授於吳榮、丁孝武二人……」

上述文中「癩」、「癖」二人並非真名實姓，很可能是武林中隱姓埋名之人的代稱，他們究竟是何方人士，已無可查考。但將八極拳傳播於世，當首推吳鐘（文中「鍾」字不同，可能是音同字不同，實指一人）。

還有一種說法：八極拳傳自河南岳山寺張岳山。此說尚待進一步考證。

八極拳開始叫「耙子」，初在滄縣流傳，後傳至其他地區又得到廣泛發展，並逐步形成大架子、小架子兩大支派。八極拳流傳至今約八九代，其中吳秀峰、李書文、霍殿閣、

馬鳳圖、馬英圖等人對八極拳的傳播發展做了大量工作。

新中國成立以後，八極拳得到了長足發展，先後有十幾名八極拳弟子在全國性武術比賽中獲得優異成績，得到了社會各界及武林同道的高度評價。1985 年，八極拳的發祥地——孟村，成立了「中國開門八極拳研究會」，開創了八極拳發展史上的新紀元。

自 1982 年以來，日本、美國、德國、新加坡、香港、臺灣等十幾個國家和地區的八極拳愛好者紛至沓來，考察訪問拜師學藝；以八極拳七世嫡傳吳連枝先生為代表的數名八極拳弟子也多次應邀出國講學，不僅極大地促進了孟村八極拳的對外交流，同時，也為推動八極拳事業的蓬勃發展開闢了更加廣闊的天地。

最近，經國家體育總局認定，又將八極拳列為全國十大優秀拳種、並編整為中國武術系列規定套路率先在國際、國內推廣，這不僅是八極拳發展史上的一大幸事，也是中華武術發展史上的一大幸事。

第二節　八極拳的分布

河北、山東、山西、陝西、江蘇、安徽、四川、廣西、遼寧、黑龍江、吉林、北京、天津。

第三節　八極拳拳理

八極，言八方極遠之地。八極拳有出手四面八方，可達極遠的地方之意。

八極拳諸多練法，其核心是「六大開」「八大招」。

六大開：

指頂、抱、單、提、挎、纏六種基本方法，是各種動作的母系。拳譜中講述六大開：「一打頂肘左右翻，二打抱肘順步趕，提挎合練單揚打，順步腰身便是纏，翻身頂肘中堂立，打開神拳往後傳。」

八大招：

(1)閻王三點手，(2) 猛虎硬爬山，(3) 迎門三不顧，(4) 霸王硬折繮，(5) 迎風朝陽掌，(6) 左右硬開門，(7) 黃鶯雙抱爪，(8) 立地通天炮。

勁力：

講求崩、撼、突擊。崩，如山崩之勢；撼，如震撼山岳；突擊，為用法突然，動作乾脆。須貫通於肩、肘、拳、胯、膝、腳六個部位。發力瞬間要動如崩弓，發如炸雷，勢動神隨，疾如閃電。以剛勁為主。

行氣：

要求始於閭尾，發於項梗，源泉於腰，行步若蹚泥，氣要下沉，忌浮。

身法九要：

(1) 意正身直，(2) 鬆肩氣下，(3) 外方內圓，(4) 含胸拔頂，(5) 抖胯合腰，(6) 手腳相合，(7) 氣力貫通，(8) 三盤連進，(9) 意守丹田。

步法：

不丁、不八、不弓、不馬，即用擁搓步、跺碾步和翻身跺子。

步法歌訣：

意要身正直，十趾抓地牢，兩膝微下蹲，鬆胯易擰腰，兩肘配兩膝，八方任飄搖。還有「八極，八極，兩腳不離地」的說法。

技擊手法：

講求寸截、寸拿、硬開硬打、挨、戳、擠、靠、崩、撼、突擊。口訣曰：一寸、二裏、三提、四挎、五戳、六摟、七硬、八摔。

技擊歌訣：

上打雲掠點提，中打挨戳擠靠，下打吃根埋根。講求三盤連擊。進而發，退而穩，身不捨正門，腳不可空存，眼不及一目，拳不打定處。

八極拳技擊講究彼不動，我不動，彼若不動，我以引手誘敵發招，隨即用崩開裏進之法強開對方之門，貼身進發，三盤連擊，一招三用，三法，三力，而一舉成功。

練功要領：

一練勁力如瘋魔，二練軟綿封閉撥，三練寸截寸拿寸出入，四練懶龍與臥虎，五練心肝膽脾腎，六練筋骨皮肉合。

第四節　八極拳的基本特點

八極拳以六大開、八大招為主，動作簡潔樸實，勢險節短，猛起猛落，硬開硬打，多肘法，多直線往返。發力暴猛、剛烈，以氣摧力，並發哼、哈二聲。打法有挨傍擠靠，崩撼突擊，硬進緊攻，貼身近發，寸截寸拿，以短制人的特點。

第五節　八極拳的功法

一、闖步、震腳

(1) 闖步：

一腳原地震腳之後，另一腳迅速向前沖踹而出，身體隨之向前撞，成馬步姿勢。勁力充實，氣勢雄壯。

(2) 震腳：

又稱跺子腳。一腿屈膝提起，離地約二寸，然後全腳掌迅速落地下震，五趾抓地。一腳為單震，兩腳跳起同時落地為雙震。震腳時並發「哈」聲。

(3) 碾震：

全腳掌著地，然後足跟提起內轉、外轉落地的震腳為碾震，並發「哼」聲。

二、椿功

(1) 兩儀馬步蹲椿：

歌訣講「頭頂藍天，腳踏清泉，懷抱嬰兒，兩肘頂山。」將人體視為「椿」，定在地上，以增加氣沉丹田而產生的沉墜功。

(2) 磕椿：

以樹木或埋設木製椿為主，要以人能將椿磕至動蕩為宜。磕擊部位以兩前臂尺橈兩骨棱和前臂背面。磕時面向椿，站成馬步，兩手握拳於腰間，先以一手掄臂內扣用橈骨棱磕第一下，再反手用前臂背側反磕為第二下，隨即將臂下

垂，用尺骨棱回磕第三下，完成三次磕擊後，抽回原位，再換另一手，如此順序磕擊。磕擊時，馬步要站穩，力量要根據自己的承受能力。練畢要輕輕按摩，發現紅腫暫停練習，也可將椿包上軟墊繼續輕練。

(3) 靠椿：

靠椿方法很多，僅舉三例。

① 背靠，起靠時距椿兩步，面向椿成丁步，如先靠左面，右腳在前，上第一步時準備用力，先調準方向，第二步腳的落點要稍越過椿位，觸椿時身體正直，左側背部觸椿，兩手臂弧形前伸，兩腿成馬步。觸椿時發力勇猛果斷，同時要掌握好呼吸，用鼻孔行氣，氣下沉，形成三盤合一的整勁。以上動作可以重複練習，也可左右交替練習。

② 肋胯靠，起始動作與背靠同，觸椿時前手伸向椿的另一側，形成手腳在椿兩側，將椿夾在中間，觸椿部位為胯上至腋下肋部。後手可向後伸直，兩腿成弓步，重心可略高。

③ 胸靠，起始動作同上，用身體胸部和上腹部觸椿。落步時如左步在前靠右胸，右步在前靠左胸，兩手同時沿椿兩側前伸，兩腿成弓步，此法忌用肩頂。

(4) 打椿與踢椿：

分死椿和活椿兩種。打、踢死椿，主要提高擊打力量和鍛鍊意志。打、踢活椿，主要培養進攻意識和靈活多變的戰術。僅舉打死椿，「鐵砂掌」為例，練習分三階段，第一階段練打草紙或山楂仁，或其他較軟的東西，將其消毒後放入帆布袋內，用「烏龍盤打」的姿勢捶打手和前臂前端部的正反兩面，兩手反覆交替。第二階段打綠豆，第三階段打鐵

砂。每個階段約打一百天，每天一次，每次半小時左右。練習時要精神集中，由輕到重，由慢到快，切忌操之過急。

(5) **七星樁：**

即按北斗七星組成的方位埋樁，每樁間距 1.5 公尺（以直徑 15～20 公分的圓木為宜）。埋樁要牢固，可體耐用，樁上可以扎軟物，若無條件也可選樹林中相似位置的樹木進行操練。

練法：起式左丁步，左手在前，右手於腰間，站於一二樁位間左側一步遠，面向樁林。開始先奔二樁，可虛晃手腳假打，也可實打實踢，打二樁後，立即回打一樁。如用虛招打二樁，則回轉身再打一樁，如用實招打二樁，則不轉身以背後動作靠打一樁，如背摔、背靠等。而後跳到一、二樁間右側，用同樣的方法奔一打二。此為一組。

再後跳到二、三樁間，三、四樁間……如此順序擊打。七樁打過後，再跳至勺心（勺心即第四、五、六、七樁位中心），輪換擊打四、五、六、七樁，打過後跳出勺心，在四、三樁間外側，向一樁處順序打出，然後收勢。以上是打七星樁的路線。

擊打的方法不宜硬性規定，要因勢利導，因地制宜，因勢打樁，因樁變勢，以訓練實戰能力為目的。動作的選擇要符合實戰需要，並要實打、實踢、實摔、實靠。

七星樁埋樁位置示意圖

⑦

⑤

⑥

④

③

②

①

第一章　概　述

八極拳

第六節　八極拳基本功

一、手型

1. 拳：五指卷屈握拳，拇指壓食指、中指，拳面要平（圖1-1）。

2. 掌：五指自然伸開，屈腕，手型似荷葉狀（圖1-2）。

3. 勾：五指撮攏，拇指尖壓於食指、中指之間，腕部彎曲（圖1-3）。

4. 龍爪掌：五指分開，拇指彎曲、其餘四指第二三節指骨彎曲上挑，但不得屈攏（圖1-4）。

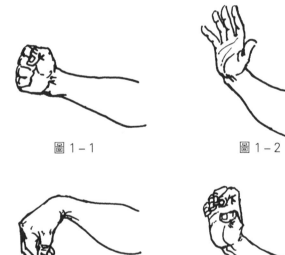

圖1-1　　　　　　　　圖1-2

圖1-3　　　　　　　　圖1-4

5. **叉掌**：拇指張開，其餘四指併攏伸直（圖1-5）。

6. **鎖喉**：拇指、食指張開彎曲，其餘三指屈攏（圖1-6）。

7. **空心拳**：拇指屈攏壓食指，其餘四指彎曲第二三指骨，四指第二節指骨豎向一字排列，手掌空心（圖1-7）。

8. **錐拳**：拇指屈攏，第一指骨壓於食指第一指骨，食指二三指骨彎曲凸出，其餘三指屈攏（圖1-8）。

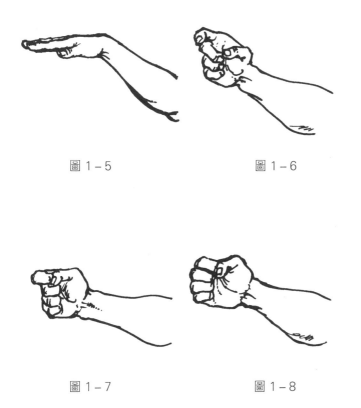

圖1-5　　　　　　　　　　圖1-6

圖1-7　　　　　　　　　　圖1-8

二、步型

1. **馬步**：雙腳分開，內距約 2.5 個腳掌的長度；腳尖稍內扣，屈膝下蹲，大腿略高於水平，膝蓋稍內扣，與腳尖垂直，重心落於兩腿間，上身正直，含胸收腹，沉肩斂臀（圖 1-9）。

2. **弓步**：兩腳分開，內距約 3 個腳掌長度，前腳尖向前，微裡扣，前腿屈膝下蹲，膝蓋與腳尖垂直；後腿伸直，腳尖裡扣，腳跟不得離地，身體重心偏重於前腿，身體稍向前傾，收腹斂臀（圖 1-10）。

圖 1-9   圖 1-10

3. **虛步**：一腿屈膝半蹲，全腳踏地支撐身體；另一腿膝微屈，全腳踏地，兩腿虛實要分明（圖 1-11）。

4. **仆步**：雙腳叉開，一腿全蹲支撐身體，另一腿挺直，雙腳踏地，腳尖裡扣；上身挺直，收腹斂臀（圖 1-12）。

5. **歇步**：兩腿交叉，屈膝下蹲，一腳踏地，腳尖外擺；

圖 1－11

圖 1－12

圖 1－13

圖 1－14

另一腳腳跟抬起，腳尖向內，身體立直（圖1－13）。

　　6. **盤步：**兩腿交叉下蹲，前腳著地，後腳跟抬起，上身立直（圖1－14）。

　　7. **獨立步：**一腳支撐站立，一腿屈膝向前胸提起，腳尖向內，身體立直（圖1－15）。

八極拳

圖 1－15

圖 1－16

圖 1－17

圖 1－18

8.跪膝步：一腿屈膝下蹲，另一腿屈膝跪地，跪點落於屈腿腳心裡側（圖1－16）。

9.丁步：一腿略屈下蹲，腳掌踏地，一腿屈膝併立，腳尖點地置於另一腳心內側（圖1－17）

10.併步：兩腳併攏屈膝下蹲，大腿高於水平，上身立直（圖1－18）。

11. 半馬步：兩腳分開，內距約 2.5 個腳掌的長度，前腳尖稍外擺，後腳裡扣，屈膝下蹲，體重分力前四後六，上身正直，含胸收腹沉肩斂臀（圖 1- 19）。

圖 1－19

三、手法

八極拳的手法講究雲、捋、提、按、刁、抱、纏、戰。本拳術套路運動過程中，其手型也在不斷變化。

以上介紹了拳、掌、勾、龍爪掌等八種手型，經過歷代八極拳傳人的充實和總結，運動變化過程中還吸收了錘、瓦、斧、杆、刺、叉、銼和鐮的工作原理，豐富了八極拳的手型和手法的變化內容。

四、身法

八極拳演練過程中，運動風格較為突出。拳諺曰：「一練拙力如瘋魔，二練軟綿、封、閉、拔，三練寸接、寸拿，寸出入，四練自由架式懶龍臥，五練五臟功力到，六練筋骨皮肉合。」發力中講究：「始於尾閭，發於項梗，源泉於腰，發力於根。」

第一章 概述

八極拳

八極拳

中國武術規定套路③

22

第二章

八極拳競賽規定套路

第一節 八極拳初級競賽規定套路

八極拳初級競賽規定套路是根據八極拳小架、六大開拳、八極拳基本功單式組合而成。本套路體現了八極拳動靜分明、一招一式樸素無華、剛猛暴烈的特點。

該套路共分兩段，由 24 個動作組成，演練時間在 50 秒至 1 分鐘之間。

一、動作名稱

第一段

1. 起勢
2. 虛步亮拳
3. 左右擢打
4. 擢打頂肘
5. 左右橫捯
6. 上步撐掌
7. 左右勾手提
8. 馬步撲掌

第二段

9. 左圈抱掌
10. 窩裡沖拳
11. 右圈抱掌
12. 窩裡沖拳
13. 弓步沖拳
14. 送手戳腳
15. 撤步推掌
16. 單足獨立

八極拳

17. 纏肘
18. 弓步沖拳
19. 迭手戳腳
20. 撤步推掌

21. 單足獨立
22. 纏肘
23. 馬步叉掌
24. 收勢

二、動作說明

第一段

1. 起勢

成立正姿勢，左手握拳，右手掌按於左拳虎口處，由胸前平推伸直。雙目平視（圖 2-1、圖 2-2）。

2. 虛步亮拳（原名量天地）

右掌變拳，雙手掌眼向上；屈體下蹲，邁右腳上左腳成左虛步；右臂下擺平舉。目視前方（圖 2-3）。

圖 2-1　　　　　　　　圖 2-2

圖2-3　　　　　　　　　　圖2-4

3.左右擺打

①　左轉體成左弓步；右臂豎向向前擺打，右拳反轉，拳眼向右；左臂後擺，左拳反轉，拳眼向右。目視前方（圖2-4）。

②　右轉體，雙腳碾地成馬步；左臂向前擺打，左拳反轉，拳眼向左；右臂後擺，右拳反轉，拳眼向左。目視前方（圖2-5）。

圖2-5

4.擺打頂肘

右臂擺打，左拳變掌收回立於腹前；左腳起動戳右腳，腳尖向上，震右腿、上左腿，右轉體，雙腳滑動成馬步；左臂上挑屈肘前頂，左拳置於左肩胛骨上側，手心向上；右臂

反擺伸直，略低於肩，拳眼向下，目視左側（圖2-6、圖2-7、圖2-8）。

　5. 左右橫拽

　　① 左轉體，起動左腳上右腳成右弓步；右拳向前直臂橫拽，拳眼向左（圖2-9）。

　　② 左拳配合拉回置於左側腰際，拳眼向裡，目視右

圖2-6　　　　　　　　圖2-7

圖2-8　　　　　　　　圖2-9

手。左拳向前，直臂橫
挒，拳眼向右，右拳配合
拉回置於右側腰際，拳眼
向裡，目視左手（圖2-
10）。

③左轉體，雙腳碾地
成馬步，右拳平擊出，拳
眼向上，左拳拉回置於左
側腰際，拳眼向上，目視
右手（圖2-11）。

圖2-10

6.上步撐掌

起動右腳上左腳，右轉體，雙腳碾動成馬步；左手變
掌，向前平推出，掌心向前；右手變掌拉回置於右側腰際，
掌心向下。目視左手（圖2-12、圖2-13）。

圖2-11

圖2-12

圖 2－13

圖 2－14

7. 左右勾手提

右轉體；左手變勾，後掄前提；起動左腳，上右腳成丁步，雙足震腳成併步；右手變勾，後掄前提；左手變掌，拉回下壓置於腹前，掌心向下。目視右手（圖 2-14、圖 2-15）。

8. 馬步撲掌（原名伏虎式）

上右腳，左轉體，雙腳碾動成馬步；右手變掌下撲，掌心向下；左手配合拉回置於左側腰際，掌心向下。目視右側（圖 2-16）。

第二段

9. 左圈抱掌

① 左轉體，下蹲成歇步；左臂豎掄一周，掌立於右肩側；右臂跟上，掄劈一周，手掌置於左腋下側；目視右側（圖 2-17）。

圖 2－15　　　　　　　　　圖 2－16

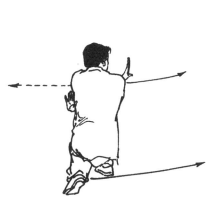

圖 2－17　　　　　　　　　圖 2－18

②上右腳成馬步，雙手掌揮開，掌心向裡。目視右側（圖2-18）

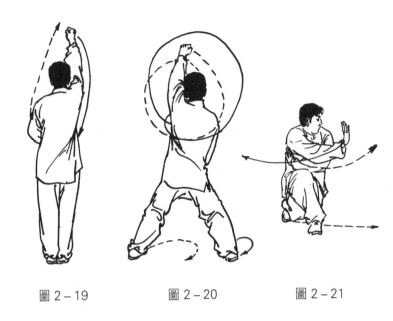

圖 2－19　　　　圖 2－20　　　　圖 2－21

10. 窩裡沖拳（原名窩裡炮）

①兩腳合攏成併步，身體立直；右手變拳，收回左腰際，沿胸前中線向上擊出，拳過頭頂，拳眼向右；左手變拳，拉回下壓置於小腹前，拳眼向上。目視右手（圖 2－19）。

②雙腳分開，身體下蹲成馬步；左拳沿胸前中線向上擊出，拳過頭頂，拳眼向左；右掌拉回下壓置於小腹前，拳眼向上。目視左拳（圖 2-20）。

11. 右圈抱掌

①右轉體下蹲成歇步；右臂豎掄劈一周，手變掌立於左肩側；左臂跟上掄劈一周，手變掌置於右腋下側。目視左側（圖 2-21）。

②上左腳成馬步；雙手掌撣開，掌心向裡。目視左

圖 2－22

圖 2－23

側（圖 2－22）。

12. 窩裡沖拳

① 兩腳合攏成併步，身體直立；右手變拳，收回置於右腰際，沿胸前中線向上擊出，拳過頭頂，拳眼向右；左手變拳拉回下壓置於小腹前，拳眼向上。目視右手（圖 2－23）。

② 兩腳分開，身體下蹲成馬步；左拳沿胸前中線向上擊出，拳過頭頂，拳眼向左；右拳拉回下壓置於小腹前，拳眼向上。目視左拳（圖 2－24）。

圖 2－24

圖 2－25　　　　　　　圖 2－26

13. 弓步沖拳

左轉體成左弓步；右拳由腰際平擊出，拳眼向左；左拳拉回置於左側腰際，拳眼向上。目視右手（圖2-25）。

14. 迭手戳腳

右轉體；右拳變掌，反轉拉回置於右側腰際，掌心向上；左拳變掌，向前平推出，掌心向下；略屈體戳踢右腳，腳尖向上。目視前方（圖2-26）。

15. 撤步推掌（原名掛塔）

撤右腿成左弓步；右掌平推出，掌心向前；左掌拉回置於左側腰際，掌心向下。目視右手（圖2-27）。

16. 單足獨立

身體後移，右轉體，獨立右足，略屈膝，提左膝；雙手變龍爪掌，扒下後擺，直右臂、屈左臂，左手置於右胸側。目視左側（圖2-28）。

圖 2 - 27

圖 2 - 28

圖 2 - 29

圖 2 - 30

17. 纏肘

　　右轉體，震左腳成馬步；前劈左臂，屈肘裡扣前臂，握拳置於左肩側，拳眼向外；前劈右臂，前臂下壓握拳置於身體右側，拳眼向外。目視右側（圖2-29、圖2-30）。

圖 2－31　　　　　　　　圖 2－32

18. 弓步沖拳

右轉體成右弓步；左拳由腰際平擊出，拳眼向右；右拳拉回置於右側腰際，拳眼向上，目視左拳（圖 2－31）。

19. 迭手戳腳

左轉體；左手變掌，反轉拉回置於左腰際，掌心向上；右掌變掌，向前平推出，掌心向下；略屈體，戳踢左腳，腳尖向上。目視前方（圖 2－32）。

20. 撤步推掌

撤左腿成右弓步；左掌平推出，掌心向前；右掌拉回置於右側腰際，掌心向下。目視左手（圖 2－33）。

21. 單足獨立

身體後移，左轉體，獨立右足，略屈膝，提右膝；雙手變龍爪掌，扒下後擺，直左臂，屈右臂，右手置於右胸側。目視右側（圖 2－34）。

22. 纏肘

右轉體，震右腳成馬步；前劈右臂，屈肘裡扣前臂，握

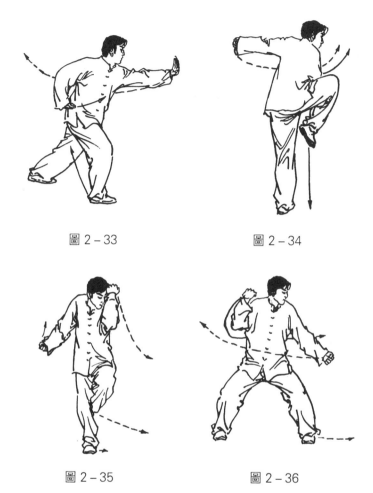

圖 2-33

圖 2-34

圖 2-35

圖 2-36

拳置於右肩側，拳眼向右；前劈左臂，前臂下壓，握拳置於
身體左側，拳眼向左。目視左側（圖 2-35、圖 2-36）。

23. 馬步叉掌

撤右腿，右轉體成馬步；右手變掌，反轉下壓，拉回置
於右側腰際，掌心向下；左手變掌，由胸前沿右臂上側平叉

出，掌心向下。目視左手（圖2-37）。

24. 收勢

① 收左腿，雙震腳成併步，左手變拳收回沿身體左側下掖，拳眼向裡，右手掌配合立於左肩側，目視左側（圖2-38）。

② 左轉體，撤左腿，雙手掌上撩，雙掌心向上，兩前臂十字交叉，兩手掌左右下揮上舉，由頭下沿胸前下壓置於小腹前，掌心向下，屈體（圖2-39、圖2-40）。

③ 身體直立，兩臂自然下垂。目視前方（圖2-41）。

圖2-37

圖2-38

圖2-39

圖2-40

圖2-41

八極拳初級競賽規定套路路線圖

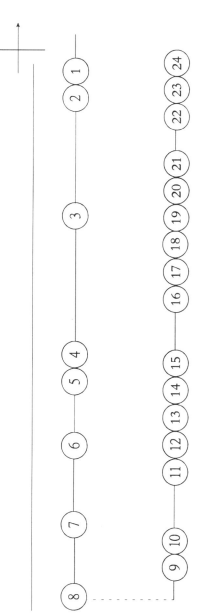

北 →

八極拳

第二節　八極拳中級競賽規定套路

　　八極拳中級競賽規定套路是根據八極拳單打改編而成，體現了八極拳「挨、崩、擠、靠」、舒展大方、發力剛猛、大開大合的特點。該套路共分六段，由56個動作組成，演練時間在1分至1分10秒之間。

一、動作名稱

第一段

1. 起勢
2. 虛步亮拳
3. 擢打頂肘
4. 虛步拉弓
5. 左右拽打

第二段

6. 轉身捯打
7. 撩掌側踹
8. 反砸
9. 十字沖拳
10. 虛步亮掌
11. 雙臂打開
12. 雙分推掌
13. 提膝擺臂
14. 翻身撐拳

第三段

15. 左纏臂
16. 右纏臂
17. 閉肘
18. 右纏腕
19. 上步撐掌
20. 撤步推掌
21. 虛步翻臂
22. 擢打頂肘

23. 跪膝

24. 馬步架掌

第四段

25. 轉身沖掌

26. 閉肘

27. 左架打

28. 右架打

29. 虛步亮掌

30. 雙臂打開

第五段

31. 撩掌戳腳

32. 上步切掌

33. 上步撐掌

第六段

34. 撤步一掌

35. 撤步二掌

36. 撤步三掌

37. 躍步閉肘

38. 右纏腕

39. 撤步砸

40. 躍步彈踢

41. 轉身掖肘

42. 撩掌側端

43. 翻砸

44. 十字沖拳

45. 虛步亮掌

46. 雙臂打開

47. 撩陰戳腳

48. 上步切掌

49. 轉身撩掌

50. 左纏腕

51. 提膝翻掌

52. 勾手推掌

53. 單足獨立

54. 擺打頂肘

55. 併步閉肘

56. 收勢

二、動作說明

第一段

1. 起勢

成立正姿勢；雙手提於胸前，左手握拳，右手掌按扶於左拳虎口處，由胸前平推伸直。目視前方（圖2-42、圖2-43）。

2. 虛步亮拳

右手變拳，雙手拳眼向上，屈體下蹲；邁右腳上左腳右轉體成左虛步；左臂不動，右臂下擺沿右側平伸；目視左手（圖2-44）。

3. 擺打頂肘

① 右臂擺打，左手變掌，收立於腹前；左轉體，起動左腳，戳提右腳，震右腳上左腳，右轉體，雙腳碾地成馬步，右臂彎曲變肘；目視左側（圖2-45）。

圖 2-42

圖 2-43

②左手手心向上，置於左肩上側，肘尖與左膝相照應，垂直於地面；右臂向後直擺，略低於肩，拳眼向下（圖2-46）。

4.虛步拉弓

劈左臂，右臂前掄拉回置於右肋間，左臂由右臂上側平伸出，成左虛步。目視左手（圖2-47）。

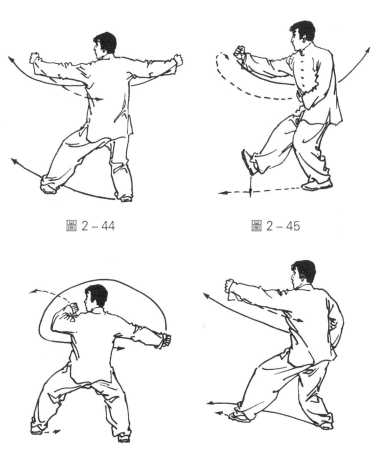

圖 2－44

圖 2－45

圖 2－46

圖 2－47

八極拳

圖2-48　　　　　　　　圖2-49

5. 左右捯打

① 起動左腳上右腳，左轉體成馬步，右臂橫捯，拳眼向左，左拳拉回置於腰際（圖2-48）。

② 右轉體成右弓步，左拳橫捯，右拳拉回置於右側腰際。目視左手（圖2-49）。

第二段

6. 轉身掖打

左轉體左臂順勢豎掄一周，提左膝落左腳，跟右腳併步雙跺；右臂屈肘由右耳根沿前胸下掖，左手變掌舉過頭頂。目視前方（圖2-50、圖2-51）。

7. 撩掌側踹

邁左腳，後擺左臂，右腿向前踹出，左掌前撩，掌心向上。目視前方（圖2-52、圖2-53）。

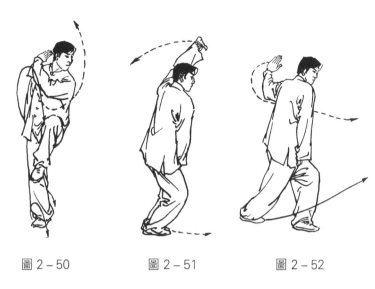

圖 2－50　　　　　　圖 2－51　　　　　　圖 2－52

圖 2－53

圖 2－54

8. 反砸

　　左轉體，收落右腳成馬步；右臂沿胸前掄一周反砸，拳
心向上；左掌配合右手在胸前畫弧，回落於左助側。目視右
手（圖 2-54 ）。

八極拳

圖 2－55

圖 2－56

9. 十字沖拳

拉右臂，右拳置於右肋間，變右弓步；左拳十字擊出，拳心向下。目視左手（圖2-55）。

10. 虛步亮掌

橫跨右腳成右虛步；左拳變掌，直臂反轉；右手變掌，掌心向上。目視左手（圖2-56）。

圖 2－57

11. 雙臂打開

起動右腳向前跨出，左轉體成馬步；雙手立掌前後推出。目視右手（圖2-57）。

12. 雙分推掌

右轉體，雙臂交叉，右臂壓左臂舉過頭頂左右分開；提

圖 2 - 58

圖 2 - 59

圖 2 - 60

圖 2 - 61

右膝右轉體震右腳成右弓步，雙手分置於左右肘間，手心向上；左轉體，雙掌向前平推出。目視前方（圖 2-58、圖 2-59、圖 2-60、圖 2-61）。

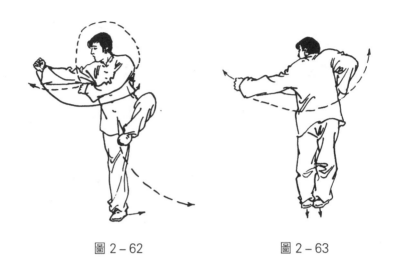

圖 2－62　　　　　　　圖 2－63

13. 提膝擺臂（原名拉馬式）

雙手下捋，後擺變拳；右轉體，提左膝；右臂伸直，左拳置於右肩前側，拳眼向上。目視右手（圖2-62）。

14. 翻身撐拳

①落左腳，跟右腳；前劈左臂，右拳由耳根部向下穿披（圖2-63）。

②上右腿震腳，左轉體，撤左腳後滑成馬步；右拳平撐出，左掌舉過頭頂。目視右側（圖2-64）。

第三段

15. 左纏臂

起動右腳，跟左腳，雙手成龍爪掌，向前伸出下爬；提右膝震腳，劈右臂，右轉體，左臂裡裹，上左腳成馬步，雙腳碾動，右手掌舉過頭頂，左臂變拳甩直，目視左手（圖2-65、圖2-66、圖2-67）。

圖 2－64

圖 2－65

圖 2－66

圖 2－67

第二章　八極拳競賽套路

八極拳

圖 2－68

圖 2－69

圖 2－70

圖 2－71

16. 右纏臂

本組動作與上組相同，左右顛倒（圖2-68、圖2-69、圖2-70）。

圖 2－72　　　　　　　　　圖 2－73

17. 閉肘

① 左轉體，屈右臂，橫擺
於胸前（圖2-71）。

② 左掌由右臂上側穿過變
立掌，右手臂右擺伸平，變
拳，拳眼向下；提左腳扣於右膝
後側，右腿彎曲（圖2-72）。

③ 右擺頭，左腳左跨，雙
腳碾動成馬步；合雙臂，右臂
下垂貼於身體右側，左手掌立於
右腋前側。目視右側（圖2-
73）。

18. 右纏腕

① 右轉體，提右膝；左掌扶右腕合於胸前（圖2-
74）。

圖 2－74

圖 2－75

圖 2－76

② 震右腳，上左腳，右轉
體，雙腳碾動成半馬步；左手立
掌推出，右手變掌後拉於右側腰
際。目視左手（圖2-75）。

19. 上步撐掌

起動左腳，上右腳，左轉體
雙腳碾動成馬步；右手立掌平推
出，左掌後拉置於左側腰際；目
視右手（圖2-76）。

20. 撒步推掌

左轉體，左掌抱扶右肘於胸

圖 2－77

前（圖2-77）；左腿撒步套於右腿後側，雙掌左右展開，
右手掌心朝下，左手掌心朝上（圖2-78）；左轉體撒右腿
成左弓步，右掌由腰際向前推出，左手掌收於腰際。目視右
手（圖2-79）。

圖 2－78

圖 2－79

圖 2－80

圖 2－81

21. 虛步翻臂

起動左腳，右轉體，雙腳碾動後滑成虛步；右臂在胸前滾翻變拳，拳心向上；左手配合置於右肋下。目視右拳（圖2-80）。

22. 擺打頂肘

擺右臂，提右膝（圖2-81）；右轉體，震右腳上左

八極拳

圖 2-82

圖 2-83

腳,雙腳碾動成馬步,左
頂肘,右臂後擺伸直略低
於肩,拳眼朝下。目視左
側(圖2-82)。

23.跪膝

① 右轉體成右弓
步;胸前橫抱左肘,右手
置於右側腰際(圖2-
83)。

② 左轉體,右手變
掌撩過頭頂;左腳起動,
右腳跟上成跪膝步;右拳

圖 2-84

向前下方擊出,拳眼向上。目視右手(圖2-84)。

圖 2－85 　　　　　　　　圖 2－86

24. 馬步架掌

起身撤右腿，雙腳後滑右轉體成馬步；右手變掌，雙手由頭前分開，右手屈臂置於頭上方，左手立掌平推。目視左手（圖2-85）。

第四段

25. 轉身沖掌

① 撤左腳左轉體；左臂隨左腿撩於胸前，右手落於右側腰際成左虛步（圖2-86）。

圖 2－87

② 起動左腳上右腳，擊步雙踩沖右掌於右側上方，掌心向前，抽回左掌置於右肩側。目視右手（圖2-87）。

八極拳

圖 2－88　　　　　　圖 2－89

26. 閉肘

　　① 左轉體，右臂橫擺於胸前，左手掌心向上，由右臂上側穿過變立掌，右臂右擺變拳伸平，拳眼向下；提左腳扣右膝後側，右腿彎屈，向右擺頭（圖 2－88、圖 2－89）。

　　② 左腳左跨，雙腳左滑成馬步，合雙

圖 2－90

臂，右臂下垂貼於身體右側，左手掌立於左腋前。目視右側（圖 2－90）。

27. 左架打

提右臂變掌置於頭右上方，左臂由胸前推出；跟提左腳，上左腳成左弓步；右掌由胸前直推出，左掌雲拉舉過頭頂。目視右手（圖2-91、圖2-92、圖2-93）。

28. 右架打

左腳起動跟右腳，雙臂收於腹部；橫跨右腳成右弓步架掌。目視左掌（圖2-94、圖2-95）。

29. 虛步亮掌

橫跨右腳成右虛步，右掌直臂翻轉置於腰右側，左掌翻轉，掌心朝上。目視左手（圖2-96）。

圖 2-91

圖 2-92

圖 2-93

第二章 八極拳競賽套路

八極拳

圖 2－94

圖 2－95

圖 2－96

圖 2－97

30. 雙臂打開

右腳起動向前跨出，左轉體成馬步，雙手立掌前後推
出。目視右手（圖 2-97 ）。

圖 2 - 98　　　　　　　　圖 2 - 99

第五段

31. 撩掌戳腳

　　起動左腳右轉體，向前戳提右腳；右掌撩起，掌心向上，左手掌配合收回置於小腹前。目視右手（圖2-98）。

32. 上步切掌（原名托抱式）

　　震右腳上左腳，雙腳碾動成半馬步；左掌向前切出，右掌切於右側腰際。目視左手（圖2-99）。

33. 上步撐掌

　　起動左腳行三步，落右腳，雙腳碾地成馬步；右掌由腰際向前推出，左掌拉至左側腰際。目視右手（圖2-100）。

圖 2 - 100

第六段

34. 撤步一掌

① 撤右腿，雙掌反轉，手心朝上（圖2-101）。

② 撤右腳成馬步，左掌由右臂上側撐出，右掌拉回至右側腰際。目視左手（圖2-102）。

35. 撤步二掌

① 雙掌反轉，手心朝上（圖2-103）。

② 撤左腿成馬步；右掌由左臂上側推出，左掌拉至左側腰際。目視右手（圖2-104）。

36. 撤步三掌

① 左轉體；橫抱右肘（圖2-105）。

② 後套左腿；揮右掌，左手由胸前反揮（圖2-106）。

③ 撤右腳成左弓步；向胸前撐出右掌，左掌收於左側

圖2-101

圖2-102

圖2-103

圖 2－104

圖 2－105

圖 2－106

圖 2－107

腰際。目視右手（圖 2－107 ）。

37. 躍步閉肘

　　提左膝，落腳躍步分臂，右轉體，雙腳左滑成馬步；合雙臂，右臂握拳下垂貼於身體右側，左掌立於左肩前側。目視右側（圖 2－108、圖 2－109、圖 2－110 ）。

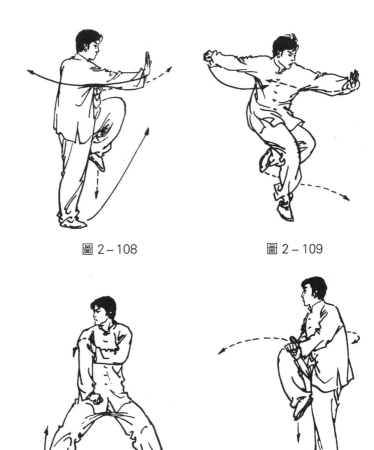

圖 2-108

圖 2-109

圖 2-110

圖 2-111

38.右纏腕

①右轉體提右膝，左掌扶右腕合於胸前（圖2-111）。

②震右腳上左腳，右轉體，雙腳碾動成半馬步；左手立掌推出，右手變掌拉於右側腰際。目視左手（圖

圖 2-112　　　　　　圖 2-113

2-112）。

39. 撤步砸

①撤左腳，套於右腿後，雙手變拳後擺（圖2-113）。

②左轉體；左手變掌，右手掄砸於右膝上側，拳眼朝上；左手托扶於右前臂裡側成右虛步。目視前方（圖2-114）。

40. 躍步彈踢

提右膝後擺躍起，左腿彈踢；

圖 2-114

雙腿落地碾動成馬步；雙臂握拳撐開，左臂伸直，右拳拉至右肋側，拳眼均朝裡。目視左側（圖2-115、圖2-116、圖2-117）。

41. 轉身掖肘

後劈左臂一周，提左膝左轉體，落左腳跟右腳成歇步，

圖 2－115

圖 2－116

圖 2－117

圖 2－118

圖 2－119

右臂屈肘橫越胸前墜下，左手變掌舉過頭頂。目視前方（圖
2-118、圖 2-119）。

圖 2-120　　　　　　　　圖 2-121

42. 撩掌側踹

① 邁左腳後展左臂（圖2
-120）。

② 右腿向前踹出，腳尖
向左，腳心向下；左掌前撩，
掌心向上。目視前方（圖2-
121）。

43. 反砸

收落右腿成馬步；右臂沿
胸前掄一周反砸，手心向上；
左掌配合右手在胸前畫弧，回
落於左肋側。目視右拳（圖2-122）。

圖 2-122

44. 十字沖拳

拉右臂，右拳置於右肋間，變右弓步；左拳十字擊出，

八極拳

圖 2－123

圖 2－124

手心向下。目視左拳（圖
2-123）。

45.虛步亮掌

橫跨右腳成右虛步；
左拳變掌，直臂反轉；右
手變掌，手心朝上。目視
左手（圖2-124）。

46.雙臂打開

右腳起動，向前跨
出，左轉體成馬步；雙手
立掌前後推出。目視右
手（圖2-125）。

圖 2－125

47.撩陰戳腳

右轉體，起動左腳前戳右腳；右掌撩至胸前，掌心朝
上；左手配合，收至小腹前。目視右手（圖2-126）。

圖 2-126　　　　　　　　　圖 2-127

48. 上步切掌

震右腳上左腳，雙腳碾動成半馬步；左掌向前切出，右掌切於右側腰際。目視左手（圖2-127）。

49. 轉身撩掌

右轉體；右手撣一周成立掌；左手變拳伸直；成右弓步。目視右手（圖2-128）。

圖 2-128

50. 左纏腕

① 左手變拳前擺置於胸前，右手掌搭扶左手腕；戳左腳震左腳，上右腳，左轉體成左弓步；左手翻腕勒於左側腰際，雙目餘光右視（圖2-129、圖2-130）。

② 右轉體成右弓步；沖左拳，右拳移至右側腰際（圖2-131）。

圖2－129

圖2－130

圖2－131

圖2－132

③ 碾雙腳，左轉體成馬步；右手立掌平推出，左手變掌後拉置於左側腰際。目視右手（圖2-132）。

圖 2－133　　　　　　　　圖 2－134

51. 提膝翻掌（原名白蛇吐信）

提右膝；雙掌翻轉，掌心朝上。目視右手（圖2-133）。

52. 勾手推掌（原名通背式）

① 震右腳，上左腳，雙腳碾動成馬步；左掌穿過右臂上側變勾，直臂下垂，右掌拉回置於右側腰際。目視左手（圖2-134）。

② 左轉體成左弓步；左臂向左橫擺，右掌由胸前推出，頭向左擺。目視左手（圖2-135）。

53. 單足獨立

右轉體，提右膝；右手變拳置於左肋側；左手變掌，舉過頭頂。目視前

圖 2－135

方（圖2-136）。

54. 擺打頂肘

①左臂擺打，左手變掌，收回立於腹前，起動左腳戳右腳，腳尖朝上（圖2-137）

②震左腳上右腳，左轉體雙腳碾地成馬步；左臂彎屈變肘，手心向上置於左肩上側，肘尖左膝相照應，垂直地面；右臂向後直擺，略低於肩，拳眼向下。目視前方（圖2-138）。

55. 併步閉肘

左腳後移，併步屈體；左拳收回，由耳根沿前胸掖下，右掌立於左肩前側。目視左側（圖2-139）。

56. 收勢

左轉體，橫跨右腳撤左腳；雙手變掌，十字交叉合於胸

圖2-136

圖2-137

前，掌心朝裡；雙手分開沿身體兩側屈體豎揮一周，落於小
腹前，掌心向下；身體立直，雙手垂下。目視前方（圖2-
140、圖2-141、圖2-142、圖2-143）。

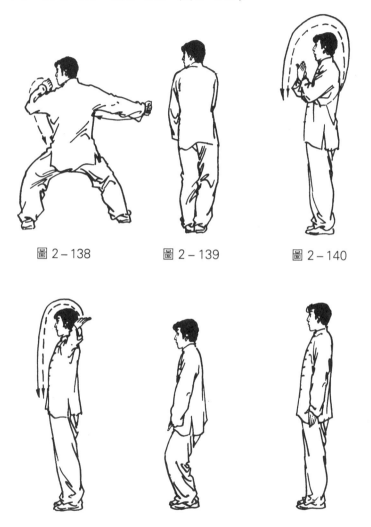

圖2-138　　　　圖2-139　　　　圖2-140

圖2-141　　　　圖2-142　　　　圖2-143

八極拳中級競賽規定套路路線圖

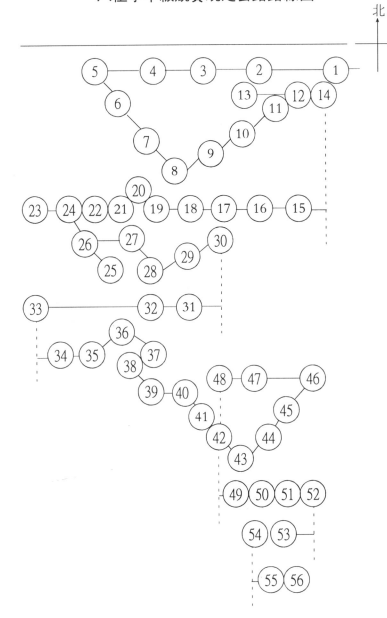

北

第三節　八極拳高級競賽規定套路

八極拳高級競賽規定套路以八極拳初級、中級競賽規定套路為基礎，並吸收了其他八極套傳統套路的部分內容組合而成。該套路共分四段，由 69 個動作組成。演練時間在 1 分 10 秒至 1 分 20 秒之間。

一、動作名稱

第一段

1. 起勢
2. 攉打頂肘
3. 上步拉弓
4. 左右拽打
5. 轉身挍拳
6. 撩掌側踹
7. 翻砸
8. 弓步沖拳
9. 虛步亮掌
10. 單臂打開
11. 雙推掌
12. 提膝亮掌

第二段

13. 翻身撩臂
14. 左纏臂
15. 右纏臂
16. 右纏腕
17. 上步撐掌
18. 撤步推掌
19. 虛步翻臂
20. 弓步沖拳
21. 戳腳提打
22. 上步頂肘
23. 跪膝
24. 馬步架掌
25. 轉身擊步沖掌
26. 閉肘
27. 虛步合掌
28. 馬步沖拳

圖2-144　　　　　　圖2-145　　　　　　圖2-146

二、動作說明

第一段

1.起勢

成立正姿勢，雙目平
視；左手握拳，右掌按於左
拳虎口處，由胸前平推伸
直。目視前方（圖2-144、
圖2-145）。

圖2-147

2.擂打頂肘

①左轉體；右手變拳，上左腳左拳掄臂變掌，右手跟
上劈於胸前，左手配合挑立於右肩側，上右腳的同時擺挑右
臂（圖2-146、圖2-147）。

②震右腳右轉體，上左腳雙腳碾動成馬步；左臂屈肘
變拳置於左肩上側，右手伸直後擺於身體右側，拳眼向下略

圖2-148

圖2-149

圖2-150

圖2-151

低於肩。目視左側（圖2-148）。

　3.上步拉弓

　　左手前劈，右手拉回置於右側腰際，左拳配合平擊出。目視左手（圖2-149）。

　4.左右拽打

　　①左腳起動，右腳跟提上步，雙腳碾動左轉體成馬

圖 2－152　　　　　　　圖 2－153

步，右臂橫拽置於右前方，拳
眼向左，左拳拉回置於左側腰
際（圖 2－150）。

　　② 右轉體成右弓步，左
拳橫拽，右手拉回置於腰際。
目視左手（圖 2－151）。

5. 轉身掖拳

　　左臂掄劈一周，提左膝，
左轉體，落左腳，跟右腳併步
雙踩；左臂屈肘由右耳根沿前
胸掖下；左手變掌舉過頭頂。
目視右側（圖 2－152、圖 2－153）。

圖 2－154

6. 撩掌側踹

　　邁左腳後展左臂，右腳側踹；左掌前撩，掌心向上。目
視右側（圖 2－154）。

圖 2－155　　　　　　　　圖 2－156

7. 反砸

收落右腳成右弓步；右臂沿胸前掄一周反砸，手心朝上；左掌配合右手落於腹前。目視右手（圖 2－155）。

8. 弓步沖拳

拉右臂，左拳置於右肋間，擊左拳，變右弓步，手心向下。目視左手（圖 2－156）。

9. 虛步亮掌

重心後移成右虛步；左手變掌，直臂反轉，右手變掌於肋側，手心向上。目視左手（圖 2－157）。

10. 單臂打開

起動右腳向前跨出，碾雙足左轉體成半馬步；右拳撐出，左拳拉回置於左側腰際，拳眼向下。目視右手（圖 2－158）。

11. 雙推掌

平托雙掌；提右膝震右腳；雙掌抽回置於腰際兩側；上左腳成左弓步，雙掌平推。目視前方（圖 2－159、圖 2－

160）。

12. 提膝亮掌

　①左轉體成右弓步；右手擺至右後側，左手撩於胸前（圖2－161）。

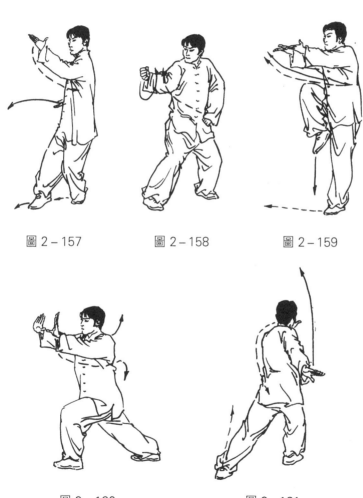

圖2－157　　　　　圖2－158　　　　　圖2－159

圖2－160　　　　　圖2－161

圖 2－162

圖 2－163

② 提左膝；撩右掌於頭上方，左手擺變勾置於左側背後。目視左側（圖 2-162）。

第二段

13. 翻身撩臂

落左腳震右腳，撤左腿，身體左轉一周成馬步；右臂撩直於右前方，左掌回落於右腋前側。目視右側（圖 2-163）。

14. 左纏臂

① 起動右腳跟左腳，雙足向前滑動；雙手掌向前伸出下扒（圖 2-164）。

② 提右膝震右腳上左腿，右轉體雙腳碾動成馬步的同時，劈右臂，左臂裡裹伸直與肩平，右臂後擺，掌心朝上舉

圖 2 – 164

圖 2 – 165

圖 2 – 166

圖 2 – 167

過頭頂。目視左手（圖 2–165 ）。

15. 右纏臂

本組動作與上組相同，左右顛倒（圖 2–166、圖 2–167 ）。

16. 右纏腕

① 提右膝，右轉體；左掌扶於右拳腕部，合於胸

圖 2－168　　　　　　　　圖 2－169

前（圖2-168）。

②震右腳上左腳，右轉體成馬步；左手變拳撐出，拳眼朝裡，右手後拉置於腰際右側。目視左手（圖2-169）。

17. 上步撐掌

起動左腳跟右腳，上步左轉體，雙腳碾動成馬步；右手立掌平推，左掌後拉置於腰際。目視右手（圖2-170）。

18. 撤步推掌

①右轉體；右掌反轉撤於右側腰際，右手掌順右臂下側向前反撣出，掌心朝上。目視左手（圖2-171）。

②橫撤右腿成左弓步；右掌由腰際向斜下方推出，左掌收於左側腰際，掌心向下。目視右手（圖2-172）。

19. 虛步翻臂

右轉體，左腳起動，雙腳碾動後滑成虛步；右臂在胸前滾翻變拳，拳心朝上，左手配合立掌置於腹前。目視前方（圖2-173）。

圖 2-170

圖 2-171

圖 2-172

圖 2-173

20. 弓步沖拳

起動右腳成右弓步，左手變拳平擊出，右手拉回置於右側腰際。目視左手（圖 2-174 ）。

圖 2－174

圖 2－175

21. 戳腳提打

提右膝，向前直衝右拳，右腳提戳，左手拉回置於左側腰際。目視前方（圖2-175）。

22. 上步頂肘

震右腳上左腿，右轉體，雙腳碾動成馬步；左臂彎屈成肘，左拳置於左肩上側，拳心朝上；右臂後擺伸直，拳眼向下，略低於右肩。目視左側（圖2-176）。

圖 2－176

23. 跪膝

① 右轉體成右弓步；橫抱左肘於胸前，右手置於腰際（圖2-177）。

② 左轉體；左手變掌撩過頭頂，掌心朝上；左腳起動

右腳跟上成跪膝步；右拳向前下方擊出，拳眼向上。目視右
手（圖2–178）。

24. 馬步架掌

起身撤右腿，雙腿後滑，右轉體成馬步；右手變掌，雙
手由頭前方分開，右手屈臂置於頭上方，左手立掌平推。目
視左手（圖2–179）。

圖2–177　　　　　　　圖2–178

圖2–179

第二章　八極拳競賽套路

八極拳

25. 轉身擊步沖掌

① 橫跨左腳，左轉體；左臂隨左腿直撩於胸前，右手落於腰際（圖2-180）。

② 起動左腳上右腳，擊步雙跺；沖右掌於右側上方，掌心朝前，抽左掌立置於肋側。目視右手（圖2-181、圖2-181附圖）。

圖2-180

26. 閉肘

① 左轉體；屈右臂橫擺於胸前，左手由右臂內側穿過變立掌，右臂右擺伸平，拳眼朝下，提左腳扣於右膝後側，右腿彎曲，同時向右擺頭（圖2-182）。

② 左腳左跨，雙腳左滑成馬步；合雙臂，右臂下垂貼於身體右側，左手掌立於左腋前側。目視左側（圖2-183、

圖2-181

圖2-181附圖

圖 2-183 附圖 ）。

27. 虛步合掌

　　左轉體；右臂直掄，右轉體成右虛步；右手變掌，手背
劈於大腿前側，左臂隨之掄劈，掌心朝上置於胸前，提右
臂，右掌與左掌合拍。目視前方（圖 2-184 ）。

圖 2-182

圖 2-183

圖 2-183 附圖

圖 2-184

八極拳

圖 2－185　　　　　圖 2－186

28. 馬步沖拳

拉右手變拳，置於右側腰際；上右腳，雙腳碾動成馬步；右拳沖擊，拳眼朝上；左手變拳，拉回置於左側腰際。目視右拳（圖 2-185 ）。

29. 馬步頂肘

右腳起動，雙腳碾動；右臂屈肘，右拳置於右肩上側，手心朝上；左手稍後移，置於左乳下側，拳眼朝裡。目視右側（圖 2-186 ）。

第三段

30. 撩掌戳腳

左轉體，起動左腳戳起右腳；右掌撩至胸前方，掌心朝上；左手掌配合收回立置於腹前。目視前方（圖 2-187 ）。

31. 上步切掌

震右腳，上左腿，雙腳滑動成馬步；左掌向前切出，右掌切於右側腰際。目視左側（圖 2-188 ）。

圖 2－187

圖 2－188

圖 2－189

圖 2－190

32. 上步撐掌

起動左腳，跟右腳上步，雙腳碾地成馬步；右掌由腰際向前推出，左掌拉至左側腰際。目視右側（圖2－189）。

33. 撤步推掌

① 右轉體；右掌反轉撤於右側腰際，左掌順右臂下側向前反揮出，掌心朝上。目視左手（圖2－190）。

②橫撤右腿成左弓步；右掌由腰際向斜下方推出，左掌收於左側腰際，掌心朝下。目視右手（圖2-191）。

34.躍步閉肘

①提左膝落腳躍步；雙臂分開（圖2-192）。

②落腳左滑成馬步，合雙臂，右臂握拳下垂貼於身體右側，雙手掌立於右腋前側。目視右側（圖2-193）。

35.右纏腕

①提右膝，右轉體；左掌扶於右拳腕部，合於胸前（圖2-194）。

②震右腳上左腳，左轉體成馬步；左掌向左撐出，掌心朝前；右手後拉置於腰際右側。目視左手（圖2-195）。

圖2-191

圖2-192

圖2-193

36. 撤步砸

① 撤左腳套於右腿後，雙手變拳後悠（圖2－196）。

② 左轉體，左手變掌，右手掄砸於右膝上側，拳眼朝上，左手托扶於右前臂裡側成虛步。目視前方（圖2－197）。

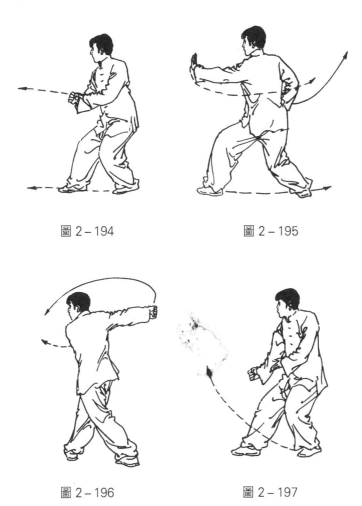

圖2－194

圖2－195

圖2－196

圖2－197

37. 躍步彈踢

① 提右膝後撤躍起，左腳彈踢（圖2-198）。

② 左轉體，雙腳落地碾動成馬步；雙臂握拳撐開，左拳置於左膝前側，拳眼朝裡，右拳置於右肋側。目視左側（圖2-199）。

38. 弓步貫拳

收左腳，左轉體，跨步成左弓步；左臂後掄劈出，右拳由右耳根直貫前方，左手收於右腮側。目視右拳（圖2-200）。

39. 虛步撲掌

右轉體成左虛步；拉右手置於右側腰際，左手隨之撲下置左膝上側，掌心朝下。目視前方（圖2-201）。

40. 弓步崩肘

邁左腳成左弓步；右臂屈肘崩於胸前，左掌平扶於右前臂外側。目視前方（圖2-202）。

圖2-198　　　　　　　圖2-199

41. 上步反挎

雙手分開，右臂後掄，左臂下沉；上右腳成虛步；右臂反挎，左手配合立置於右腋側。目視左手（圖2–203）。

42. 虛步亮掌

坐胯成右虛步；左掌直臂反轉，右手變掌，手心朝上，

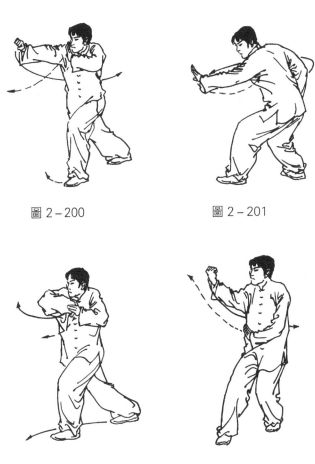

圖2–200

圖2–201

圖2–202

圖2–203

第二章 八極拳競賽套路

八極拳

圖 2-204　　　　　　圖 2-205

置於左側腰際。目視左手（圖2-204）。

43. 雙臂打開

右腳起動向前跨出，右轉體成馬步；雙掌前後推出。目視右手（圖2-205）。

44. 虛步反挎

左腳起動，雙腳後滑成右虛步；右臂反挎置於胸前，左臂配合後撤，立掌置於右腋側。目視前方（圖2-206）。

45. 弓步臂挎

左轉體，右腳碾動成左弓步；右臂向下反擺，拳眼朝下；左臂配合拉於右腋側。目視右側（圖2-207）。

第四段

46. 提膝提肘

起動左腳上右腳，提右膝；屈右臂，挑頂於胸前，拳眼朝左，右手立掌配合置於右肘左側。目視前方（圖2-

圖 2－206

圖 2－207

圖 2－208

圖 2－209

208 ）。

　　47.落步爬山

　　落右腳成右虛步；右拳變掌，向前撲下，左手配合置於胸前，掌心朝下。目視前方（圖2-209）。

48. 馬步攔頂

左轉體；右臂屈肘，右手變拳，左掌立扶右拳；起動右腳，雙腳碾動成馬步；右肘攔頂擊出。目視右側（圖2-210）。

49. 震腳鎖喉

① 右轉體成右虛步；右手變掌，雙掌前擺，左臂前伸，掌心朝上，右手拉回置於右肩下側（圖2-211）。

② 震右腳、上左腳成左弓步；雙掌橫轉外擺，右手鎖喉，左手反掌置於頭前。目視前方（圖2-212）。

50. 虛步穿抱

鬆臂下垂；起動左腳跟右腳，滑步成跟提步；右手變拳，於右肋間向前擊出，手心朝上，左手配合抱於右臂肘側。目視前方（圖2-213）。

51. 歇步抾拳

右腳起動，滑跟右腳成歇步；屈右臂，反轉向前擊出，

圖2-210

圖2-211

手心朝上，右手拉回立置於右臂前側。目視右手（圖2－214）。

52. 馬步扣頂

上右腳，雙腳滑動成馬步；右臂後擺，屈肘向右頂出，右拳平置於胸前，拳眼朝裡；左臂向左伸開，拳眼朝下。目視右側。（圖2－125）。

圖2－212

圖2－213

圖2－214

圖2－215

第二章　八極拳競賽套路

八極拳

53.虛步撐掌

右轉體成右虛步；右手撩起，立掌置於胸前，左臂伸直。目視右手（圖2-216）。

4左纏腕

① 前悠左拳，右手搭左手腕；右轉體，左腳向前戳提，震左腳上右腳左纏腕（圖2-217）。

② 左轉體；雙手拉於左側腰際成左弓步（圖2-218）。

③ 右轉體成右弓步；左拳向右側平擊出，右手拉回置於右側腰際。目視左拳（圖2-219）。

馬步推掌

雙腳碾動成馬步，左轉體；右掌平擊出，左手變拳，拉回置於左側腰際。目視右手（圖2-220）。

6提膝翻掌

提右膝；雙手翻掌，掌心朝上。目視右手（圖2-221）。

圖 2-216

圖 2-217

57. 提膝穿袖

落右腳上左腳，提左膝，左轉體 180℃；左臂由右臂上側向上穿起，掌心朝裡；右手後拉置於左肋側，掌心朝下，右擺頭。目視右側（圖 2－222）。

圖 2－218

圖 2－219

圖 2－220

圖 2－221

八極拳

圖 2－222　　　　　　　圖 2－223

58. 勾手推掌

跨左腳，左轉體成左弓步；右手由腰際向前推出，左臂下擺反轉變勾，平置於身體左側，左擺頭。目視左手（圖 2-223）。

59. 歇步劈抱

起動左腳，左轉體，右腳跟上成歇步；雙臂立向合抱，右掌劈於左肋下；左手變掌，撩抱於右耳根側，掌心向外，左擺頭。目視下側（圖 2-224）。

60. 弓步反劈

右轉體成右弓步；右臂右掄平置於胸前；身體後坐成虛步，右手垂落於右肋側，左掌向前平擊出。目視左手（圖2-225、圖 2-226）。

圖 2－224　　　　　　　　圖 2－225

圖 2－226

圖 2－227

61. 馬步揮手

右腳起動，左轉體，雙腳碾動成馬步；右手下垂向前揮
出，左手拉回置於左肋側。目視右手（圖 2－227）。

圖 2－228　　　　　　圖 2－229

62. 弓步推掌

右轉體成右弓步；左手立掌平推出，右手拉回置於右側腰際。目視左手（圖 2－228）。

63. 虛步亮掌

坐胯成右虛步；雙掌反轉，手心朝上。目視左手（圖 2－229）。

圖 2－230

64. 撤步推掌

撤右腳成左弓步；右掌向前下方擊出，左手掌拉回置於左側腰際。目視右手（圖 2－230）。

65. 掄臂盤打

右臂後擺向前畫弧一周；提右腳跟；左臂後擺，劈於右小腿裡側。目視前方（圖 2－231）。

66. 戳踢

右手立拳向前平擊出，左手收回置於胸前；右腳向前戳踢。目視前方（圖2-232）。

67. 撤步頂肘

右腳後撤一步，右轉體成馬步；右臂順勢直擺於右側，拳眼朝下；左臂屈肘，左拳置於肩胛處，拳心朝上。目視左側（圖2-233）。

圖2-231

圖2-232

圖2-233

第二章 八極拳競賽套路

八極拳

68. 併步閉肘

左腳後移，併步屈體；左拳收回由手根沿前胸掖下；右手立掌置於左腋側。目視左側（圖2－234）。

69. 收勢

起身左轉體 90°，右腳跟上，身體立直；雙手變掌，十字交叉合於胸前；雙手分開，沿身體兩側揮一周落於小腹前，掌心朝下；身體立直，雙手下垂。目視前方（圖2－235、圖2－236、圖2－237）。

圖 2－234

圖 2－235

圖 2－236

圖 2－237

八極拳高級競賽規定套路路線圖

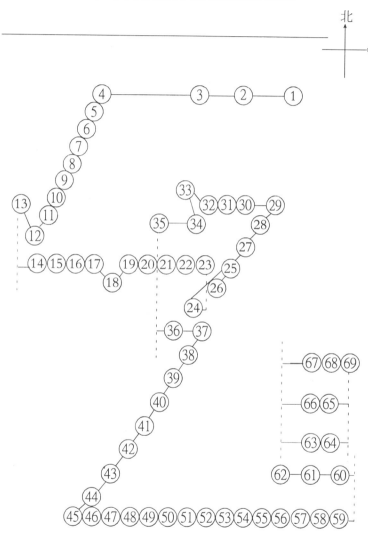

八極拳

第三章

八極拳對練競賽規定套路

八極拳對練，又稱八極拳對打，或叫八極拳對接，係二人徒手對練套路。此套路分四段，由 46 個動作組成。演練時間在 1 分至 1 分 10 秒之間。

一、動作名稱

第一段

1. 起勢
2. 屈體下蹲
3. 虛步亮拳
4. 攉打頂肘

5. 拉弓式
6. 甲：左右拽打
   乙：左右架打

第二段

7. 甲：轉身披拳
   乙：擊步沖掌
8. 甲：撩掌側踹反砸
   乙：閉肘馬步架打
9. 甲：弓步拽打
   乙：弓步架打

10. 甲、乙雙臂打開
11. 甲：雙分推掌
    乙：貼身前靠
12. 甲：摟膝護襠閉肘
    乙：拽襠上步沖掌

第三段

13. 甲：左、右捆身大纏
    乙：撤步平推掌

14. 甲：上步纏腕
    乙：撤步劈掌

15. 甲、乙貼山靠
16. 甲：上步撐掌
　　乙：躍步閉肘
17. 甲：撤步劈掌
　　乙：上步纏腕
18. 甲、乙貼山靠
19. 甲：跪膝
　　乙：撤步砸
20. 甲：截腿架打
　　乙：躍起彈踢

21. 甲：擊步沖掌
　　乙：轉身披拳
22. 甲：閉肘馬步架打
　　乙：撩掌側踹反砸
23. 甲：弓步架打
　　乙：弓步拽打
24. 甲、乙雙臂打開
25. 甲：貼山前靠
　　乙：雙分推掌
26. 甲：拽襠上步沖掌
　　乙：摟膝護襠閉肘

第四段

27. 甲：撤步三掌
　　乙：左右捆身大纏
28. 甲：撤步劈掌
　　乙：上步纏腕
29. 甲、乙貼山靠
30. 甲：躍步閉肘
　　乙：上步撐掌
31. 甲：上步纏腕
　　乙：撤步劈掌
32. 甲、乙貼山靠
33. 甲：撤步砸
　　乙：跪膝
34. 甲：躍起彈踢
　　乙：截腿架打

35. 甲：轉身披拳
　　乙：擊步沖掌
36. 甲：撩掌側踹反砸
　　乙：閉肘馬步架打
37. 甲：弓步拽打
　　乙：弓步架打
38. 甲、乙雙臂打開
39. 碰臂撣手
40. 左纏腕
41. 馬步推掌
42. 提膝翻掌
43. 勾手推掌
44. 單足獨立
45. 摧打頂肘
46. 閉肘收勢

二、動作說明

第一段

1. 起勢

① 甲、乙雙方（以下簡稱甲、乙。白衣白褲者為甲、白衣黑褲者為乙）成立正姿勢，相距約8公尺，目對視（圖3-1）。

② 左手掌、右手掌由胸前平推出。目視前方（圖3-2）。

2. 屈體下蹲

甲、乙右手變拳，雙手拳眼朝上，併步屈體下蹲。目視前方（圖3-3）。

3. 虛步亮拳

甲、乙邁右腳上左腳成虛步；右臂下擺向後平伸。目視前方（圖3-4）。

圖3-1　　　　　圖3-2

圖 3-3

圖 3-4

圖 3-5

圖 3-6

4. 擺打頂肘

甲、乙左臂擺打，右手變掌收立於腹前；左腳起動戳右腳，震右腳，上左腳，雙腳碾動成馬步；左臂彎曲變肘，拳心朝上，置於左肩上側，右臂後擺，略低於肩。對視（圖3-5、圖3-6）。

5. 拉弓式

甲、乙劈右臂，右臂前掄拉回置於右肋間；左臂由右臂上側平伸出，拳眼朝上成左虛步。對視（圖3-7）。

6. **甲：左右拽打**

 乙：左右架打

① 甲：左腳起動，拖拉步接近乙，上右腳，左轉體成馬步；右臂橫拽乙的前胸；

乙：左腳起動，施拉步接近甲，上右腿，左轉體成馬步；右手變掌按扶甲的右肩窩，左手變掌接握甲的右手腕部（圖3-8）。

② 甲：右轉體成右弓步；左臂橫拽乙的前胸，右手拉回置於右側腰際；

乙：右轉體，橫跨右腳成右弓步；右掌接握甲的左手腕部，左掌按扶甲的左肩窩（圖3-9）。

八極拳

圖3-7　　　　　　圖3-8

圖 3－9　　　　　　　圖 3－10

第二段

7.甲：轉身掖拳

　乙：擊步沖掌

甲：左轉體；右手掖下乙的左臂置於小腹前；左手變掌雲撥乙的右掌置於頭上方前側；起動右腳，左腳跟上屈體併步；

乙：右手掌沿甲左臂向甲的左腮部擊出，左手順甲的右手下沉於小腹前；右轉體，起動右腳，跟左腳擊步成併步（圖3-10）。

8.甲：撩掌側踹反砸

　乙：閉肘馬步架打

甲：邁左腳踢右腿，腳尖向裡；雲擺左掌，右臂反砸落於乙的頭上方，落腳成馬步；左掌按扶乙的右肘部；

乙：撤左腿，提右膝；右掌劈砸甲的右腳，左掌立於右

圖 3－11　　　　　　　　圖 3－12

肩側；落右腳，雙腳向後滑動成馬步；右掌反拍甲的右肋側，掌心向左，左手接拿甲的右手腕，置於頭左側，掌心向外（圖 3-11、圖 3-12、圖 3-13）。

9. 甲：弓步拽打

乙：弓步架打

甲：右轉體成右弓步；抽回右拳，置於右側腰際，左手變拳橫拽乙的右側；

乙：右轉體成右弓步；右掌扣按扶甲的左手置於胸前，掌心朝裡，左掌按扶甲的左肩窩（圖 3-14）。

圖 3－13

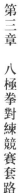
八極拳

圖 3－14　　　　　　圖 3－15

10. 甲、乙雙臂打開

甲：左掌推按乙的左肩，後套左腿，向左轉半周成馬步；雙臂左、右打開，掌心朝裡；

乙：裡跨右腳，後套左腿轉半周成馬步；右手掌跟扶甲的左肩，左掌抽回置胸前，兩臂左、右打開，掌心朝裡（圖3-15）。

11. 甲：雙分推掌

　　乙：貼身前靠

甲：右轉體；雙掌將乙的右臂托起，震右腳，上左腳成左弓步，雙掌由胸前向乙胸推出，掌心向前；

乙：甲將右臂托起時，順勢用前胸向前擁靠，成右弓步；兩臂打開，掌心向外（圖3-16、圖3-17）。

12. 甲：摟膝護襠閉肘

　　乙：拽襠上步沖掌

乙：屈右臂托甲的左肘，逃跨右腳，左手變掌，橫拽甲

圖 3-16

圖 3-17

圖 3-18

圖 3-19

的襠部，左轉身，掛左肘，上右腳成馬步，右掌擊甲前胸；

　　甲：右轉體，提左膝；下摟左臂；起動左腳上右腳，左轉體，掄臂於乙的後背；後套左腳，雙腳滑動成馬步；右臂回落立於右側，左掌左擺立於右肩側（圖3-18、圖3-19、

圖 3-20　　　　　　　　圖 3-21

圖 3-20、圖 3-21、圖 3-22）。

第三段

13. 甲：左右捆身大纏

　　乙：撤步平推掌

　甲：右手反刁乙的右手腕；震右腳，上左腳於乙的右腿後，上左臂屈肘纏壓乙的右臂，捆抱乙的後腰，右掌擊打乙的面部；

　乙：左手撥開甲的右掌，順勢推擊甲的左肩窩，後撤右腿成馬步，右手掌立護左肩內側；

圖 3-22

甲：左手反扣乙的左手置於胸前；震左腳上右腿於乙的左臂，捆抱乙的後腰；左掌擊打乙的面部；

　　乙：右手撥開甲的左掌，順勢推擊甲的右肩窩，後撤左腿成馬步；左手掌拉回左肋側（圖3-23、圖3-24、圖3-25、圖3-26）。

圖3-23　　　　　　　　　　圖3-24

圖3-25　　　　　　　　　　圖3-26

圖 3-27　　　　　　　圖 3-28

14. 甲：上步纏腕
　　乙：撤步劈掌

甲：右手在下，左手在上，合捧乙的右手於胸前，使乙的手置於右手腕上側，兩手心向下；震右腳，左轉體，上左腿置於乙的右腿後，左手腕轉纏乙的手腕；

乙：右臂隨甲纏力方向向裡反轉，左手掌由下橫撥甲的左肘，使甲的雙手鬆

圖 3-29

開，右手掄劈甲的後背，右腿橫撤步掛甲的左腿，使甲雙手撲地（圖 3-27、圖 3-28、圖 3-29、圖 3-30）。

15. 甲、乙貼山靠

甲起身成馬步，左腳起動，雙腳向左滑動；用左側肋部

圖 3-30　　　　　　　　圖 3-31

向左撞擊乙的身體右側；
雙手在胸前自然配合；乙
右臂下垂，左手掌立於右
肩前側，右腳向右起動成
馬步，雙腳向右滑動，用
右肋部撞擊甲的左側肋
部，左臂在甲的左臂裡邊
（圖 3-31）。

16. 甲：上步撐掌

　　乙：躍步閉肘

圖 3-32

八極拳

　　乙右臂上撩甲的左
臂，右腳向左側起動，雙腳躍起向左撤成馬步；甲左腳向前
起動，上右腿成馬步，右掌向乙的右胸擊出，拉回左掌立於
右肩前側；乙右臂滑撥甲的右臂下垂置於右側，左掌立於右
肩前側（圖 3-32、圖 3-33）。

圖 3－33　　　　　　　　圖 3－34

17. 甲：撤步劈掌

乙：上步纏腕

乙：右手在下，左手在上，合捧甲的右手於胸前，使甲的手置於右手腕上側，兩手心向下；震右腳，右轉體，上左腿置於甲的右腿後，右手腕轉纏甲的手腕；

圖 3－35

甲：右臂隨乙纏力的方向向裡反轉，左掌由下橫撥乙的左肘，使乙的雙手鬆開，右手掄劈乙的後背，右腿橫撤步掛乙的左腿，使乙雙手撲地（圖3-34、圖3-35）。

18. 甲、乙貼山靠

乙起身成馬步，左腳起動，雙腳向前滑動；用左側肋部向左撞擊甲的身體右側，雙手在胸前自然配合；甲右臂下垂，左手掌立於右臂前側；右腳向右起動成馬步，雙腳向右滑動，用右肋部撞擊乙的左側肋部，右臂在乙的左臂裡邊（圖3-36）。

19. 甲：跪膝
　　乙：撤步砸

甲的右臂將乙的左臂撩起；乙撤左腳，左轉體，掄劈右臂於甲的頭上方，左掌收於右肋側；甲的左前臂接架乙的右前臂，起動右腳上左腳成跪膝步，右拳擊打乙的小腹（圖3-37、圖3-38、圖3-39）。

圖3-36　　　　　　　　圖3-37

圖 3-38　　　　　　　　圖 3-39

20. 甲：截腿架打

　　乙：躍起彈踢

　　乙的左掌在胸前橫推甲的右前臂，迫撤右腳，躍起踢出左腿；甲右前臂砸乙的左小腿內側；乙落左腳成馬步，左臂反砸甲的頭部，甲撤右腳成馬步，雙手接拿乙的左臂置於胸前（圖3-40、圖3-41）。

圖 3-40

21. 甲：擊步沖掌

　　乙：轉身掖拳

　　乙：左轉體，右手掖下甲的左臂置於小腹前，左手變

圖 3-41　　　　　　　　圖 3-42

掌，雲撥甲的右掌，置於頭上方前側，起動右腳左腳跟上，屈體成併步；

　　甲：右手掌沿乙的左臂向乙的左腮部擊出，左手順乙右手下沉於小腹前，右轉體，右腳起動，跟左腳擊步成併步（圖3-42）。

　　22. 甲：閉肘馬步架打

　　　　乙：撩掌側踹反砸

　　乙：邁左腳踢右腳，腳尖向裡，雲擺左掌，右臂反砸落於甲的頭上方，落腳成馬步，左手掌按扶甲的右肘部；

　　甲：撤左腿，提右膝，右掌劈砸乙的右腳，左掌立於右肩側，落右腳雙足向右滑動成馬步；右手掌反拍乙的右肋側，掌心向左，左手接拿乙的右手腕置於頭左側，掌心向外（圖3-43、圖3-44）。

八極拳

圖 3-43　　　　　　　圖 3-44

23. 甲：弓步架打

　　乙：弓步拽打

乙：右轉體成右弓步，抽回右拳置於右側腰際，左手變拳，橫拽甲的右側，拳眼向裡；

甲：右轉體成右弓步，左掌扣按扶乙的左手置於胸前，掌心向裡，左掌按扶乙的左肩窩（圖3-45）。

24. 甲、乙雙臂打開

乙：右掌推扶甲的左肩，後套左腿，左轉體半周成馬步，兩臂左右打開，掌心向外；

甲：裡跨右腳後套左腿，左轉半周成馬步；右手掌跟扶乙的左肩，左掌抽回置胸前，兩臂左右打開，掌心向外（圖3-46）。

圖 3-45　　　　　　　　圖 3-46

25. 甲：貼山前靠

　　乙：雙分推掌

　乙：右轉體，雙掌將甲的右臂托起；震右腳上左腿成左弓步；雙手掌由胸前向甲的胸前推擊，掌心向前；

　甲：當乙將右臂托起時，順勢用前胸向前擁靠，成右弓步，兩臂伸開，掌心向外（圖3-47、圖3-48）。

圖 3-47

26. 甲：拽襠上步沖掌

　　乙：摟膝護襠閉肘

　甲：屈右臂，右手托乙的左肘，逃跨右腳，左手變拳橫拽乙的襠部，左轉身挑掛左肘，上右腳成馬步，右掌擊乙的

圖 3－48

圖 3－49

圖 3－50

圖 3－51

前胸；

　　乙：左轉體，提左膝，下摟左臂，起動左腳上右腳，左轉體，掄左臂劈甲的後背；後套左腳，雙腳滑動成馬步；右臂回落立於右側，左掌右擺立於左肩側（圖3－49、圖3－50、圖3－51）。

第四段

27. 甲：撤步三掌

乙：左右捆身大纏

乙：右手反刁甲的右手腕，震右腳上左腿於甲的右腿後，上左臂屈肘纏壓甲的右臂，捆抱甲的後腰，右掌擊打甲的面部。

甲：左手撥開乙的右掌，順勢推擊乙的左肩窩，反撤右腿成馬步，右掌立護左肩內側；

乙：左掌反扣按扶甲的左手置於胸前，震左腳於甲的左腿後，上右臂屈肘纏壓甲的左臂，捆抱甲的後腰，左掌擊打乙的面部；

甲：右手撥開乙的左掌，順勢推擊乙的右肩窩，後撤左腿成馬步，左掌拉回置於左側肋間（圖3-52、圖3-53、圖3-54、圖3-55、圖3-56）。

圖 3-52　　　　　　　圖 3-53

圖 3－54　　　　　　圖 3－55

圖 3－56

28.甲：撤步劈掌
　　乙：上步纏腕

乙：右手在下，左手在上，合捧甲的右手於胸前，使甲的手置於右手腕上側，兩手心向下；震右腳右轉體，上左腿置於甲的右腿後，右手腕轉纏甲的手腕；

甲：右臂隨乙纏力的方向向裡反轉，左掌由下橫撥乙的左肘，使乙的雙手鬆開，右手掄劈乙的後背，右腿橫撤步掛乙的左腿，使乙雙手撲地（圖 3-57、圖 3-58、圖 3-59）。

29.甲、乙貼山靠

乙起身成馬步，左腳起動向左滑動，用左側肋部向左撞

圖 3 - 57　　　　　　　　圖 3 - 58

圖 3 - 59　　　　　　　　圖 3 - 60

八極拳

擊甲的身體右側，雙手在胸前自然配合；甲右臂下垂，左掌
立於右肩前側，右腳向右起動成馬步，雙腳向右滑動，用右
肋部撞擊乙的左側肋部，右臂在乙的左臂裡邊（圖3-60）。

30. 甲：躍步閉時

乙：上步撐掌

甲右臂上撩乙的左臂，右腳向左側起動，雙腳躍起向左撤；乙左腳向前起動，上右腿成馬步，右掌向甲的右胸擊出，拉回左掌於左腰側；甲右臂滑撥乙的右臂下垂置於右側，左掌立於右肩前側成馬步（圖3-61、圖3-62）。

31. 甲：上步纏腕

乙：撤步劈掌

甲：右手在下，左手在上，合捧乙的右手於胸前，使乙的手置於右手腕上側，兩手心向下，震右腳右轉體，上左腿置於乙的右腿後，右手腕轉纏乙的手腕；

乙：右臂隨甲纏力的方向向裡反轉，左掌由下橫撥甲的左肘，使甲的雙手鬆開，右手掄劈乙的後背，右腿橫撤步掛甲的左腿，使甲雙手撲地（圖3-63、圖3-64）。

圖3-61　　　　　　　圖3-62

圖 3-63　　　　　　　　圖 3-64

32. 甲、乙貼山靠

甲起身成馬步，左腳起動，雙腳向前滑動，用左側肋部向左撞擊乙的身體右側，雙手在胸前自然配合；乙右臂下垂，左掌立於右肩前側，右腳向右起動成馬步，雙腳向右滑動，用右肋部撞擊甲的左側肋部，右臂在甲左臂的裡邊（圖 3-65）。

圖 3-65

33. 甲：撤步砸

　　乙：跪膝

乙的右臂將甲的左臂撩起；甲撤右腳左轉體，右臂掄劈至乙的頭上方，左掌收於右肋側；乙左前臂接架甲的右前臂，起動右腳，上左腳成跪膝步，右拳擊打甲的小腹（圖

八極拳

圖 3−66

圖 3−67

3−66、圖 3−67）。

34. 甲：躍起彈踢
乙：截腿架打

甲的左掌在胸前橫推乙的右前臂，迫撤右腳，躍起踢出左腿；乙右前臂砸甲的左小腿內側；甲落左腳成馬步，左臂反砸乙的頭部；乙撤右腳成馬步，雙手接拿甲的左臂置於胸前（圖 3−68、圖 3−69）。

35. 甲：轉身掖拳
乙：擊步沖掌

甲：左轉體，右手掖下乙的左臂置於小腹前，左手變掌

圖 3−68

圖 3－69　　　　　　　　　圖 3－70

雲撥乙的右手掌，置於小腹前，左手變掌雲撥乙的右掌，置於頭上方前側，起動左腳，右腳跟上屈體成併步；

　　乙：右手掌沿甲左臂向甲的左腮部擊出，右手順甲右手下沉於小腹前，右轉體右腳起動，跟左腳擊步成併步（圖3－70）。

　　36. 甲：撩掌側踹反砸

　　　　乙：閉肘馬步架打

　　甲：邁左腳，踢右腿，腳尖向裡，雲擺左掌，右臂反砸落於乙的頭上方，落腳成馬步，左掌按扶乙的右肘部；

　　乙：撤右腿，提右膝，右掌劈砸甲的右腳，左掌立於右肩側；落右腳，雙腳向左滑動成馬步，右掌反拍甲的右肋側，掌心向左，左手接拿甲的右手腕置於頭左側，掌心向外（圖3－71、圖3－72）。

圖 3-71　　　　　　　　　圖 3-72

37. 甲：弓步拽打

　　乙：弓步架打

　　甲：右轉體成右弓步；抽回右拳，置於右側腰際，左手變拳橫拽乙的右側，拳眼朝裡；

　　乙：右轉體成右弓步；右掌扣按扶甲的左手置於胸前，掌心向裡，左掌按扶甲的左肩窩（圖3-73）。

38. 甲、乙雙臂打開

　　甲：右掌推按乙的左肩，後套左腿，向左轉半周成馬步；兩臂左右打開，掌心朝裡；

　　乙：裡跨右腳，後套左腿，左轉半周成馬步；右掌跟扶乙的左肩，左掌抽回置胸前，兩臂左右打開，掌心向裡（圖3-74）。

39. 碰臂撐手

　　甲、乙右前臂裡碰，左掌收回立於右腋下；右臂裡掄上撐出成立掌，左臂自然伸開與肩平；右轉體成弓步。目視右

圖 3－73　　　　　　　　　　　圖 3－74

圖 3－75　　　　　　　　　　　圖 3－76

手（圖3－75、圖3－76）。

　　40.左纏腕

　　①甲、乙左手變拳，前擺置胸前，右掌搭扶左手腕，同時戳左腳（圖3－77）。

圖 3－77　　　　　　　　圖 3－78

②震左腳，上右腳，左轉體成左弓步；左手翻腕勒於左側腰際。雙目對視（圖 3-78）。

③右轉體成右弓步，同時沖左拳，右拳移至右側腰際（圖 3-79）。

41. 馬步推掌

甲、乙左轉體，碾雙腳成馬步；右手立掌平推出，左手變掌，後拉置於左側腰際。目視右手（圖 3-80）。

42. 提膝翻掌

甲、乙提右膝，雙掌反轉，掌心朝上。目視右手（圖 3-81）。

43. 勾手推掌

①甲、乙震右腳上左腿，雙腳碾動成馬步；左掌穿過右臂上側變勾手，直臂下垂，右掌拉回置右側腰際。目視左手（圖 3-82）。

②左轉體成左弓步；左臂向左橫擺，右掌由胸前推

圖 3－79

圖 3－80

圖 3－81

圖 3－82

出，頭向左擺。目視左手（圖3-83）。

44. 單足獨立

甲、乙右轉體，提右膝；右手變拳置於左腹前，左手變掌舉過頭頂。目視對方（圖3-84）。

圖 3－83　　　　　　　圖 3－84

45. 擺打頂肘

甲、乙右臂擺打，左手變掌收回立於腹前；左腳起動，戳提右腳，腳尖朝下（圖3－85）。震右腳，上左腳，左轉體，雙腳滑動成馬步；左臂彎曲變肘，左手變拳，拳心斜向上，置於左肩上側，肘尖與左膝相照應，垂直地面；右臂朝後直擺，略低於肩，拳眼朝下。目視對方（圖3－86）。

圖 3－85

46. 閉肘收勢

甲、乙左腳後移，併步屈體，左拳收回，由耳根沿前胸披下，右手立掌置於左肩前側；橫跨右腳，撤左腳，左轉

圖 3－86

圖 3－87

圖 3－88

圖 3－89

圖 3－90

體，雙手變掌，十字交叉合於胸前，掌心朝裡；雙手分開，
沿身體兩側屈體豎揮一周落於小腹前，掌心向下，身體立
直，雙手垂下。目視對方（圖3-87、圖3-88、圖3-89、
圖3-90）。

八極拳

八極拳對練競賽規定套路（甲方）路線圖

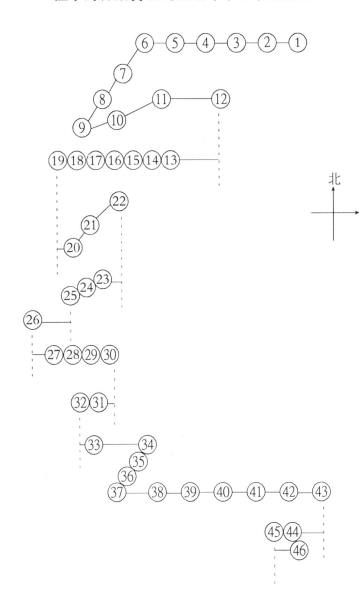

北

刀術競賽規定套路

刀術，該套路原名稱為「提柳散陰刀」，此套路所用的刀形似柳葉。運動形式多以提、撩、截、劈、抹、刺為主，似風擺柳葉狀，故稱「提柳刀」。所謂散陰，即左右背刀橫抹，傳統說法叫「殺人不見人」，故也稱之為「散陰刀」。本套路經過重新加工整理，吸收了本門派其他刀術套路的部分刀法，在套路結構和運動路線上也作了重新調整，避免了動作重複，八極拳的風格更加突出。

本套路分四段，由 36 個動作組成。演練時間在 1 分至1 分 20 秒之間。

一、動作名稱

第一段

1. 起勢
2. 弓步背刀
3. 弓步劈刀
4. 馬步劈刀
5. 上步截腕
6. 提膝刺刀

7. 馬步擁刀
8. 盤頭過腦
9. 上步劈刀
10. 套步轉身劈刀
11. 縮刀刺

第二段

12. 撤步攔刀

13. 縮刀刺

二、動作說明

第一段

1. 起勢

① 身體立正左手抱刀；，右手自然下垂（圖4-1）。

② 邁右腳成右虛步，右轉體；右掌扶刀背由胸前推出（圖4-2）。

③ 邁左腿成左虛步；雙手配合將刀翻轉反背於左臂後，右手立掌平推出（圖4-3）。

④ 起動左腳，上右腳，身體立直；右手在胸前畫弧置

圖 4－1

圖 4－2

圖 4－3

圖 4－4

於頭上方。目視左側（圖4-4）。

2. 弓步背刀

左手背刀橫擺於胸前，刀柄朝後，右手落下搭於刀柄

圖 4－5　　　　　　　　圖 4－6

處。提左膝，擺刀落腳成左弓步，右掌平推，左轉體。目視前方（圖4-5、圖4-6）。

3. 弓步劈刀

①左轉體，提右膝；右手接刀（圖4-7）。

②右腳落地，雙腿向左前方交叉躍出成右弓步；刀由身體前側掄一周劈下，左臂後展。目視刀尖（圖4-8）。

4. 馬步劈刀

①右轉體，掄左臂，刀擺至身後（圖4-9）。左腳在左前方畫弧擺動，右腳由左腳前套跨步的同時，左腳左跨步成

圖 4－7

圖 4-8

圖 4-9

圖 4-10

圖 4-11

馬步；雙手握刀，由頭上方豎直劈下。目視前方（圖4-
10、圖4-11）。

　　5.上步截腕

　　　右腳起動，上左腳成左虛步；刀隨身體抹劈於右肋側。
目視刀尖（圖4-12）。

圖 4－12

圖 4－13

圖 4－14

圖 4－15

6. 提膝刺刀

左轉體，提左膝；刀刃朝上向前平刺，左臂後展。目視刀尖（圖4-13）。

7. 馬步擁刀

震左腳於右腳前，右腳闖步跨出成馬步；刀柄隨身體向前擁撞。目視刀柄（圖4-14、圖4-15）。

【要點】：此動作原稱「醉漢靠柱」，運動狀態似醉漢，突出闖擊步和挨、崩、擠、靠的技術特點。

8. 盤頭過腦

刀背朝裡立掃一周，然後起動右腳邁左腳成左虛步，盤頭過腦成虛步亮刀式。目視左手（圖4-16）。

圖 4－16

9. 上步劈刀

左臂掄劈一周，刀隨右腳向前邁出的同時，成右弓步劈刀。目視刀尖（圖4-17）。

10. 套步轉身劈刀

左腳後套步，刀由內側掄劈一周，身體緊跟旋轉一周，

圖 4－17

八極拳

圖4-18　　　　　圖4-19

圖4-20

右腳向前邁出成右弓步劈刀。目視刀尖（圖4-18、圖4-19、圖4-20）。

11. 縮刀刺

① 提右腿，將刀柄縮拉於腹部，刀刃朝上，左手扶刀柄（圖4-21）。

② 右腿向前跨出震腳成馬步；刀順勢刺出，後展左

圖 4-21

圖 4-22

圖 4-23

手。目視刀尖（圖4-22）。

第二段

12. 撤步攔刀

刀沿右臂內側掄劈一周，左手前扶右前臂，撤左腳成右虛步；刀橫向掃於膝前。目視右手（圖4-23）。

13. 縮刀刺

① 微提右腿，將刀柄縮於腹部，刀刃朝上，左手扶刀柄（圖4-24）。

② 右腿向前跨出震腳成馬步，刀順勢刺出，後展左手。目視刀尖（圖4-25）。

14. 撤步撥刀

右轉體，撤右腳成馬步，雙手持刀立於胸前，刀刃朝外（左右各一次）。目視前方（圖4-26、圖4-27）。

15. 提膝刀

左轉體，提右腿，順勢撩刀於頭前，落右腳，提左腳，雙手分開，刀尖朝下。目視右手（圖4-28、圖4-29）。

圖4-24

圖4-25　　　　　　　　圖4-26

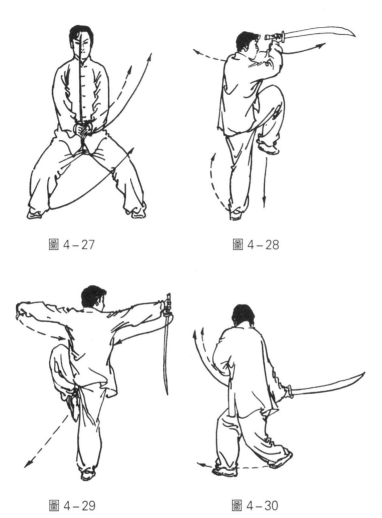

圖 4-27

圖 4-28

圖 4-29

圖 4-30

16. 撤步提撩刀

落左腳，側行三步，刀隨身體向左上方提撩（圖4-30、圖4-31）。再提右膝，向右轉體半周成右弓步；左手扶腕反撩於胸前。目視左側（圖4-32）。

圖 4－31　　　　　　　　圖 4－32

圖 4－33

【要點】：此動作原稱「烏龍擺尾」，刀的運動軌跡似風擺柳葉，身體與刀要協調一致。

17. 撥刀行刺

① 起動左腳上右腳，左轉體成馬步刺刀，左臂展開（圖4-33）。手腕縱向撥動刀身半周後，拉至頭上方，左

圖 4-34

圖 4-35

手虎口托扶刀背，刀身抽劈於
頭後側（圖4-34）。

　②起動左腳上右腳，左
轉體成馬步刺刀；左臂展開。
目視刀尖（圖4-35）。

18. 馬步撐刀

　手腕縱向撥刀身半周後，
起動右腳上左腳，右轉體翻身
劈刀；提右膝，左轉體撩刀至
頭上方，落右腳成馬步，刀由
胸前橫掃一周向外撐出。目視
右側（圖4-36、圖4-37）。

19. 翻身躍步劈刀

　起動右腳，後套左腳成歇步；刀掄劈一周，左臂同時在
胸前掄轉一周；躍步翻身成半馬步。目視右側（圖4-38、

圖 4-36

八極拳

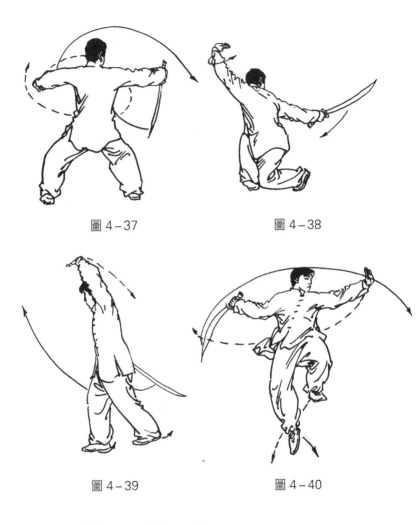

圖 4－37

圖 4－38

圖 4－39

圖 4－40

圖 4-39、圖 4-40、圖 4-41）。

20.擁刀柄

①起動右腳上左腳，右腿跟提成歇步；刀身立直收置於右胸前，左掌立放於刀柄後側（圖4-42）。

②起動左腳上右腳，左轉體，震腳成馬步擁刀式；左

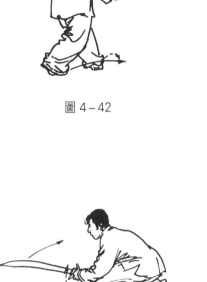

圖 4－41

圖 4－42

圖 4－43

圖 4－44

掌向後推平。目視刀柄（圖4-43）。

【要點】：此動作原稱「兩儀擁刀式」，是八極拳械的代表動作之一，突出了八極拳十字發力方法。

21. 橫掃刀

①下蹲，左轉體，刀身由後至前橫掃（圖4-44）。

②順勢提左膝，雙手握刀直立於胸前。目視前方（圖

4-45）。

22. 弓步劈刀

落左腳，雙腳向前交叉躍出成右弓步；刀身沿身體左側掄劈一周，左手自然後擺。目視刀尖（圖4-46）。

23. 歇步截刀

左轉體成左弓步；撩刀於胸前，左手掌扶右手腕（圖4-47）。上右腳，右轉體成歇步，刀順勢下截，左臂自然伸直。目視右側（圖4-48）。

圖4-45

24. 馬步提刀

左轉體，提右膝；撩刀至頭前（圖4-49）。落右腳成馬步；刀由胸前反撩下垂，刀刃朝外，左手分開成勾。目視前方（圖4-50）。

圖4-46　　　　　　　　圖4-47

圖 4 - 48

圖 4 - 49

圖 4 - 50

圖 4 - 51

第三段

25.震腳換把

　　左轉體；刀由下向前撩起交於左手，左手握刀背，右掌扶刀柄端；震右腳成左虛步，由腰部發力向前推刀；目視前方（圖4-51）。

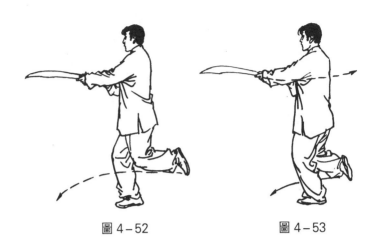

圖4-52　　　　　圖4-53

圖4-54

26. 行步刺刀

　　刀身不動，行三步，落右腳成馬步；右手接刀反轉刀身平刺，左手自然伸開，刀刃朝上。目視刀尖（圖4-52、圖4-53、圖4-54）。

【要點】：行步時，腳掌應用力翻蹬，此動作原稱「白馬翻蹄」。

27.大提柳

刀向後畫弧，左腳向前邁出的同時，刀從身體左側提撩於頭上方，兩臂左右分開；上右腿，刀隨身體左側提撩向後畫弧；再上右腿，刀繼續提撩，然後由腰部刺出成馬步，左手自然分開，刀刃朝上。目視刀尖（圖4-55、圖4-56、圖4-57）。

圖4-55

【要點】：此動作是該套路的核心動作。刀的運動形式似風擺柳葉。動作時，刀刃始終朝著運動的方向。

圖4-56

八極拳

圖 4－57

28. 刀裡藏身

劈刀的同時，刀身繼續畫圓向前方劈出，然後左右橫掃刀面過頭落於左上臂上側，左手自然配合成勾；起動右腳、左腿上步橫掃，腳尖裡扣，身體向右旋轉，面部隨身體向右

圖 4－58

圖 4－59

圖 4-60　　　　　圖 4-61　　　　　圖 4-62

擺動。目視右側（圖4-58、圖4-59、圖4-60、圖4-61、
圖4-62）。

第四段

29. 行步掃刀

左腿起動，環行五步後，躍步
轉體360°成右弓步；躍步時，刀隨
身體轉動，落式時左手扶於右手腕
部。目視左側（圖4-63、圖4-
64、圖4-65）。

30. 弓步提撩

起身，左腳向左前方跨出成左
弓步；刀身翻轉，隨步伐的移動由
胸前撩至頭前。目視前方（圖4-

圖 4-63

八極拳

圖 4－64　　　　　　圖 4－65

圖 4－66　　　　圖 4－67　　　　圖 4－68

66）。

31. 左右擁刀

跨右腳成跟提步；刀身翻轉擁於胸前，下次擁刀與前動相同方向相反。目視刀身（圖 4-67、圖 4-68）。

圖 4-69　　　　　　　　　圖 4-70

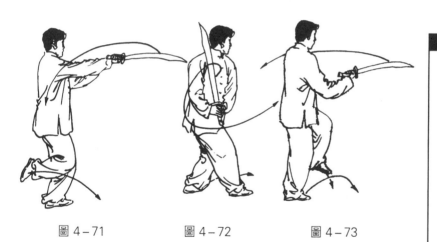

圖 4-71　　　　　圖 4-72　　　　　圖 4-73

32. 小提撩

左手扶腕，刀身由右手腕部趨動，沿身體左右提撩，步伐隨刀身交錯向前運動三步。目視前方（圖 4-69、圖 4-70、圖 4-71、圖 4-72、圖 4-73）。

圖 4－74

圖 4－75

【要點】：刀身提撩與行步要協調一致。行進中，兩眼目視刀身。

33. 左右橫掃

接上式，繼續行步，刀身在身體前面左右橫掃各一次，落步成左弓步；刀身橫擺，置於左肋側，左掌自然上舉。目視前方（圖 4-74、圖 4-75、圖 4-76）。

圖 4－76

34. 抹刀式

身體向右旋轉，左腿隨身體後撤，右手持刀，左手扶腕，刀背貼左臂橫抹置身體右側；左手接刀柄，反抹於身體左後側；上左腿成左虛步，右掌由胸前平推出。目視左側（圖 4-77、圖 4-78、圖 4-79、圖 4-80）。

【要點】：此動作原稱「散陰刀」，其動作與其他刀法不同之處在於其刀的運動形式為反抹刀，也是該套路的重要刀法之一。

圖 4－77

圖 4－78

圖 4－79

圖 4－80

圖 4-81

35. 刀獻刃

身體向右轉動，刀隨右臂擺轉於右側，右手虎口扶刀背，刀身轉立於胸前平推出；同時提左膝，震右腳成左虛步。目視前方（圖4-81、圖4-82、圖4-82附圖）。

圖 4-82

圖 4-82 附圖

圖 4-83　　　　　　　　圖 4-84

36. 退步收勢

　　撤左腿後跟右腿，身體成立正姿勢；右掌擺動一周立於頭上側，擺頭左視，右手落下。目視前方（圖4-83、圖4-84）。

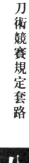

八極拳

刀術競賽規定套路路線圖

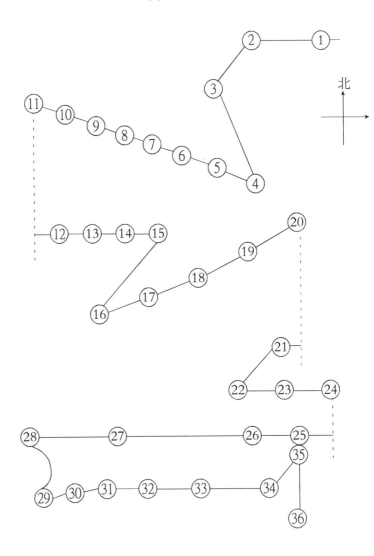

第五章

棍術競賽規定套路

此路棍是由八極拳門原有的棍術套路「行者棒」改編而成。技術動作主要表現在撩、點、劈、滑、蓋、崩、截、砸等。運動形式自然流暢，步法靈活多變。經過加工整理，本套路分六段，由 42 個動作組成。演練時間在 1 分 10 秒至 1 分 20 秒之間。

一、動作名稱

第一段

1. 起勢
2. 提棍洗把
3. 舞花刺棍
4. 轉身刺棍
5. 躍步倒把棍

第二段

6. 撤步劈挑

第三段

7. 上步劈砸
8. 轉身橫掃
9. 虛步挑棍
10. 左右蓋棍
11. 套步攪棍
12. 踢撩背棍
13. 雙手掄棍
14. 弓步戳棍
15. 提膝扣棍
16. 舞花刺棍

第四段

第五段

第六段

二、動作說明

第一段

1. 起勢

右手握棍，雙手將棍提起放置前方，棍尖點地。目視前方（圖5-1、圖5-2）。

圖 5 - 1　　　　　　　　　圖 5 - 2

2. 提棍洗把

　　左腳踢棍落地後，左手接棍；身體左轉將棍豎舉的同時，左右倒把，上右腳左轉體成馬步；豎立棍把。目視前方（圖5-3、圖5-4）。

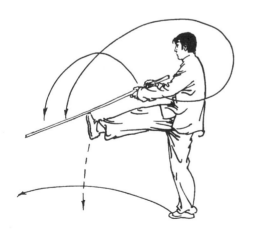

圖 5 - 3　　　　　　　　　圖 5 - 4

八極拳

3. 舞花刺棍

舞花5個後成半馬步，刺棍。目視棍端（圖5-5、圖5-6、圖5-7、圖5-8、圖5-9）。

4. 轉身刺棍

撤右腳，右轉體，左腳起動上右腳，左轉體一周，撤左腳成左弓步刺棍。目視棍端（圖5-10、圖5-11、圖5-12）。

圖 5－5　　　　　　　　圖 5－6

圖 5－7　　　　　　　　圖 5－8

圖 5－9

圖 5－10　　　　　　圖 5－11

圖 5－12

第五章　棍術競賽規定套路

八極拳

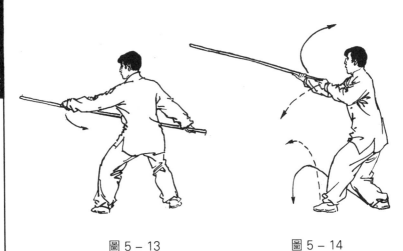

圖 5－13　　　　　　　圖 5－14

5.躍步倒把棍

右手抽棍，左手滑前端；右手換把，將棍滑拋於前上方，成半馬步；迅速躍步的同時，棍在胸前豎向倒把立轉一周後，由腰間刺出收回成半馬步平握棍。目視前方（圖 5－13、圖 5－14、圖 5－15、圖 5－16）。

圖 5－15

第二段

6.撤步劈挑

雙手握棍，虎口相對，左腳後撤一步，左轉體，雙手用力使棍身成立圓向前劈下；左腳起動，雙腳後滑，挑棍把於

圖 5 – 16   圖 5 – 17

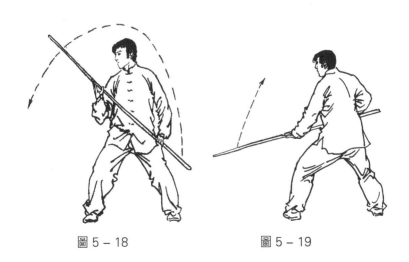

圖 5 – 18   圖 5 – 19

胸前；撒腳做反向動作，左右各兩次。目視棍端（圖 5-
17、圖 5-18、圖 5-19、圖 5-20）。

圖 5－20　　　　　　圖 5－21

第三段

7.上步劈砸

起動左腳，跟提右腳，雙手配合向前劈棍，上右腳跟提左腳，雙手配合向前劈棍。左右各兩次。目視棍端（圖 5－21、圖 5-22）。

8.轉身橫掃

撑雙足，左轉體；雙手將棍橫掃於胸前。目視前方（圖 5-23）。

圖 5－22

9.虛步挑棍

提、落左腳成左虛步，右轉體；棍隨身體畫弧挑起。目視棍端（圖 5-24）。

圖 5 − 23

圖 5 − 24

圖 5 − 25

10. 左右蓋棍

① 左腳起動，跟右腳成左弓步，左轉體；雙手將棍豎
蓋於胸前（圖 5-25）。

② 上右腳跟左腳成右弓步，右轉體，雙手將棍豎蓋於

胸前。目視棍端（圖5–26）。

11. 套步攪棍

① 上左腳，左手挑棍（圖5–27）。

② 起動左腳，右腿後套步，左手挑棍（圖5–28）。

圖 5 – 26

圖 5 – 27

圖 5 – 28

③再後套右腳，左手挑棍（圖5-29）。

④跨左腳左手挑棍（圖5-30）。

⑤右轉體，提、落右腳，右手挑棍。目視右側（圖5-31、圖5-32）。

圖 5 - 29

圖 5 - 30

圖 5 - 31

圖 5 - 32

第五章　棍術競賽規定套路

八極拳

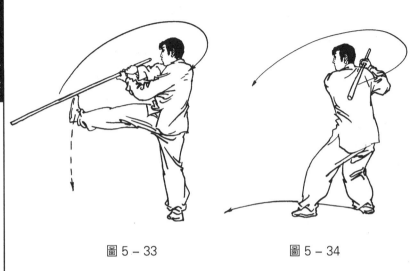

圖 5－33　　　　　　　圖 5－34

【要點】：此組動作較長，應做連續運動。棍的運動軌跡多弧線，做到棍不離身，以柔為主。

12. 踢撩背棍

雙手配合滑握棍把，左腳踢撩棍，將棍拋於右側背後；右轉體落腳成左虛步。目視前方（圖5-33、圖5-34）。

13. 雙手掄

起動左上右腳，身體左轉一周半，棍隨身體在頭上橫掄一周半成左弓步戳棍。目視前方（圖5-35、圖5-36、圖5-37、

圖 5－35

圖 5 - 36　　　　　　　　　圖 5 - 37

圖 5-38）。

14. 弓步戳棍

①右轉體，掄棍背於右肩後（圖 5-39）。

②上左腳，右腳踢棍落地成右弓步，將棍立戳於胸前。目視前方（圖 5-40、圖 5-41）。

圖 5 - 38　　　　　　　　　圖 5 - 39

圖 5－40　　　　　　圖 5－41

15. 提膝扣棍

①右手換握反把棍；提左膝，左轉體，右手扣棍（圖5－42）。

②落左腳後滑雙足成馬步；右手挑棍把於胸前。目視前方（圖5-43）。

圖 5－42　　　　　　圖 5－43

16. 舞花刺棍

上步舞花 3 個，後套右腳；棍端向右攪動畫弧；跨左腳左轉體成左弓步，雙手配合，將棍由右側腰際平刺出；目視前方（圖 5-44、圖 5-45、圖 5-46、圖 5-47、圖 5-48、圖 5-49、圖 5-50）。

圖 5 - 44

圖 5 - 45

圖 5 - 46

圖 5 - 47

圖 5－48　　　　　　圖 5－49

圖 5－50　　　　　　圖 5－51

第四段

17.轉身掛棍

　　右手抽棍，滑握換把；右轉體，雙腳後滑掛棍把於胸前。目視右側（圖5-51）。

18. 舞花戳棍

　　上步舞花左右各一次。跨左腳後套右腳，攪棍裡扣，左

手向右側擺棍端，撩棍踢右腿於棍身，落右腳上左腳成左弓步，雙手將棍截立於胸前。目視前方（圖5–52、圖5–53、圖5–54、圖5–55、圖5–56、圖5–57、圖5–58、圖5–59）。

圖 5 – 52

圖 5 – 53

圖 5 – 54

圖 5 – 55

八極拳

圖 5－56

圖 5－57

圖 5－58

圖 5－59

圖 5－60

圖 5－61

圖 5－62

圖 5－63

19. 舞花背棍

　　右手挑棍，上右腳舞花，右轉體，跨左腳，提左膝，雙手掄棍背於右肩側。目視左側（圖 5-60、圖 5-61、圖 5-62、圖 5-63）。

八極拳

圖 5－64　　　　　　　　圖 5－65

20. 下蹲掃棍

落左腳，上右腿併步，左轉體下蹲；掄左臂，右手持棍隨身體橫掃一周，將棍掃於左側，左手按扶右手腕。目視右側（圖5-64、圖5-65）。

21. 躍步轉體摔棍

躍起右轉體180°，雙腿叉開下蹲，棍掄摔於右前側，左手自然伸開。目視右側（圖5-66、圖5-67）。

圖 5－66

22. 歇步點棍

左轉體，提右膝；雙手撩棍，胸前換把；落右腳後套左腿；棍由胸前向右前下方點出。目視棍端（圖5-68、圖5-69）。

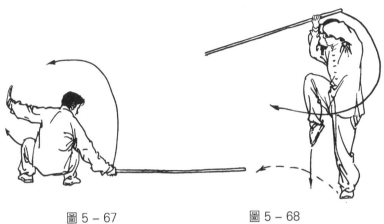

圖 5－67

圖 5－68

圖 5－69

第五章　棍術競賽規定套路

圖 5－70

23. 轉身刺棍

左轉體一周；棍由腰際刺出，成左弓步。目視前側（圖5-70）。

24. 左右穿棍

①右轉體；右手拉棍滑握棍把成右弓步（圖5-71）。

②左手推棍右轉體邁左腳成左虛步；雙手滑握棍端

圖 5－71

圖 5－72

圖 5－73

（圖 5－72）。

　　③ 右轉體成右弓步；右手拉棍於右前方（圖 5－73）。

　　④ 撤右腳，右轉體成左弓步；雙臂伸直將棍平刺出。
目視前方（圖 5－74）。

圖 5－74

圖 5－75

圖 5－76

25. 翻身點棍

雙手將棍微挑起，順勢右轉體撩棍，隨棍上左腳，右轉體，撤右腳，棍順勢掄兩周向前點下。目視棍端（圖5－75、圖5－76、圖5－77、圖5－78）。

圖 5－77　　　　　　　圖 5－78

第五段

26.震腳推棍

① 右轉體，雙手拉棍（圖5-79）。

② 震右腳成左虛步，左手持棍，右手後撤，立掌推於棍端，向前推出。目視前方（圖5-80）。

圖 5－79　　　　　　　圖 5－80

27. 左擺棍

起動左腳跟右腳；雙手持棍左擺。目視前方（圖5－81）。

28. 右擺棍

上右腳跟提左腳；雙手持棍右擺。目視前方（圖5－82）。

29. 左擺刺棍

①上左腳跟提右腳；雙手持棍左擺（圖5-83）。

②震右腳，邁左腳成左弓步；右擺棍刺出。目視前方（圖5-84）。

30. 舞花翻身挑棍

①右轉體成右弓步；雙手拉棍舞花（圖5-85、圖5－86）。

圖 5－81　　　　　　圖 5－82

圖 5－83

第五章　棍術競賽規定套路

圖 5－84

八極拳

圖 5－85

圖 5－86

圖 5－87

圖 5－88

　　②上左腳右轉體，雙腳後滑右手挑棍成半馬步；目視右側（圖5-87、圖5-88）。

31. 攪棍單手刺

上步舞花，後套右腳，雙手裡攪棍；左轉體上右腳成馬步，右手將棍向右刺出，左掌向左伸開。目視右側（圖5－89、圖5－90、圖5－91、圖5－92、圖5－93、圖5－94）。

圖 5 － 89

圖 5 － 90

圖 5 － 91

圖 5 － 92

八極拳

圖 5－93

圖 5－94

第六段

32. 躍步單手刺

提右膝；右手平拉棍，左掌裡擺按扶右手腕置於胸前；躍步向左跨出落地成馬步；雙手分開，右手刺棍。目視右側（圖 5-95、圖 5-96）。

圖 5－95

圖 5－96

33. 翻身摔棍

右手持棍下垂，撤右腳，單手縱向掄棍一周；左手扶右手，右轉體 180°提撩棍；上左腳，再撤右腳，右轉體 180°，棍順勢掄一周，躍起落地成左仆步摔棍。目視棍端（圖 5－97、圖 5－98、圖 5－99、圖 5－100、圖 5－101、圖 5－102、圖 5－103、圖 5－104）。

八極拳

圖 5－97

圖 5－98

圖 5－99

圖 5－100

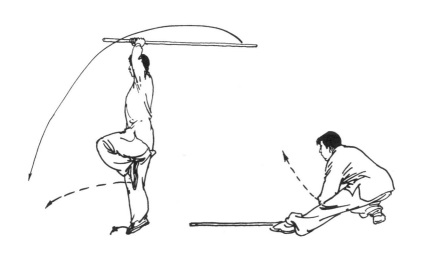

圖 5－103　　　　　　圖 5－104

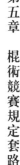

圖 5－105

圖 5－106

34. 上步扣棍

起身，右手拉棍，左手換把反握，起動左腳跟右腳，左轉體，雙手配合扣棍；上右腳跟左腳，雙手扣棍。目視前方（圖 5－105、圖 5－106、圖 5－107）。

35. 撤步挑棍

上左腳右轉體成半馬步；將棍挑於胸前。目視右側（圖 5－108）。

36. 十字披紅

上步左右舞花，十字披紅；右腳在前，雙手將棍刺出。目視前方（圖 5－109、圖 5－110、圖 5－111、圖 5－112、圖

圖 5－107

圖 5 – 108　　　　　　　圖 5 – 109

圖 5 – 110　　　　　　　圖 5 – 111

5–113、圖 5–114、圖 5–115、圖 5–116、圖 5–117）。

八極拳

圖 5－112

圖 5－113

圖 5－114

圖 5－115

圖 5 - 116　　　　　　圖 5 - 117

37. 躍步架棍

左轉體，左手拉棍於胸前成半馬步；躍起右轉體 180°，落腳成馬步；雙手架棍於頭上方。目視左側（圖 5 - 118、圖 5 -119、圖 5 - 120）。

38. 弓步背棍

提右膝，右轉體，將棍立直；舞花，右轉體提膝背棍；左手伸開，落腳成右弓步；左手按扶右手腕。目視左側（圖 5-121、圖 5-122、圖 5-123、圖 5-124）。

圖 5 - 118

八極拳

圖 5－119　　　　　　　圖 5－120

圖 5－121　　　　　　　圖 5－122

圖 5－123　　　　　　　　圖 5－124

39. 弓步戳棍

左轉體成左弓步；右臂夾棍，將棍向左戳出，左手滑握棍於右腋側。目視左側（圖 5-125）。

圖 5－125

八極拳

40. 弓步壓棍

右轉體成右弓步，左手向右側壓棍。目視前方（圖5－126）。

41. 提膝背棍

將棍橫過頭頂落於右肩上；提左膝，左擺頭，左手扶於右手腕部。目視左側（圖5－127、圖5－128）。

圖5－126

【要點】：此組動作原稱「行者問路」動作形象取於猴形，要求流暢機敏。

圖5－127

圖5－128

42. 收勢

　　落左腳跟右腳，併步直立；雙手將棍劈落於正前方，棍端著地（圖5-129）。撤左腳，後跟右腳；雙手撩棍交於右手，右手將棍戳立於身體右側，成立正姿勢。目視前方（圖5-130）。

圖5－129

圖5－130

八極拳

棍術競賽規定套路路線圖

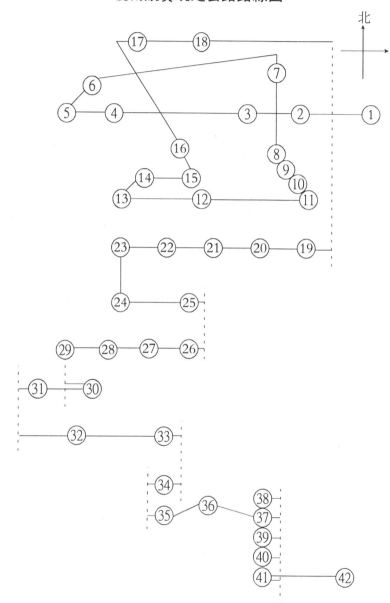

第六章

槍術競賽規定套路

此槍術原名「六合槍」。八極拳門有「六合大槍」和「六合花槍」之分。大槍長度為一丈零八寸，花槍長度以人體立姿舉單臂、中指尖與槍尖同高為宜。本次創編的套路除原六合花槍的大部分動作外，還吸引了六合大槍、纏絲槍等傳統槍術的部分槍法動作。此套路布局合理，風格突出，特點明顯，優於傳統，有較強的表演和技擊價值。

該套路分六段，由50個動作組成。演練時間約1分10秒至1分20秒。

一、動作名稱

第一段

1. 起勢
2. 單手刺槍
3. 舞花抱槍
4. 劈槍
5. 行步攔、拿、扎
6. 轉身攔槍
7. 上步正踢腿
8. 行步
9. 定步攔、拿、扎

第二段

10. 跨步刺槍
11. 跟步扣把
12. 提膝扣槍
13. 攔點槍
14. 倒把槍
15. 後躍步撲槍

16. 單手刺槍
17. 左右擺槍
18. 舞花刺槍
19. 轉身提腿刺槍

20. 挑槍把
21. 舞花刺槍
22. 弓步背槍

第三段

23. 轉身躍步摔槍
24. 左右穿槍
25. 挑槍把
26. 舞花劈槍
27. 歇步抱槍

28. 併步點槍
29. 震腳刺槍
30. 舞花刺槍
31. 抱、擁、刺槍
32. 挑槍把

第四段

33. 躍步劈搶
34. 弓步刺槍
35. 轉身提腿刺槍

36. 挑槍把
37. 舞花刺槍

第五段

38. 翻身摔條
39. 併步刺槍
40. 轉身拉槍

41. 舞花刺槍
42. 撥撩戳槍
43. 舞花攔、拿、扎

第六段

44. 撤步纏絲
45. 舞花刺槍
46. 倒把刺槍

47. 歇步拿槍刺
48. 舞花刺槍
49. 震腳背槍
50. 收勢

二、動作說明

第一段

1. 起勢

右手握槍成立正姿勢，抬左手由胸前向左側推出。目視左側（圖6-1、圖6-1附圖、圖6-2）。

2. 單手刺槍

① 左腳向左跨出半步，右腳踢槍柄（圖6-3）。

② 上右腳，左轉體，提左膝，右手提槍滑動刺出，左手立掌置於右肩胛處（圖6-4）。落左腳成馬步，左手下擭擺於頭上方。目視右側（圖6-5）。

3. 舞花抱槍

提右膝，舞花，右腳落地後再提左膝；雙手將槍抱立於胸前，右手握槍柄根部，左手反握槍身，槍身貼近左前臂內側。目視前方（圖6-6）。

圖6-1

圖6-1附圖

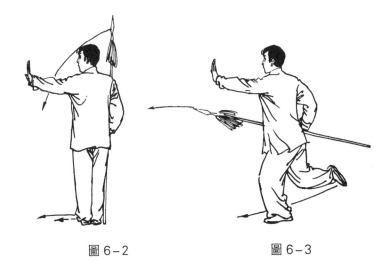

圖6-2　　　　　　　　圖6-3

圖6-4

圖 6-5

圖 6-6

4. 劈槍

　　落左腳，右轉體成馬步；槍隨之劈下，槍身橫貼於腹部，左臂伸直，虎口朝前。目視左側（圖6-7）。

5. 行步攔、拿、扎

　　攔槍，雙手持槍，坐右胯擰雙足成右弓步；槍身貼近胸、腹部，槍尖左擺畫弧，右

圖 6-7

手握槍把反擺置於右腮下，左臂伸直，左手隨槍身自然運動。目視左側（圖6-8）。

　　拿槍，在攔槍的基礎上，坐胯撐足成馬步；槍尖右擺畫弧，右手下擺置於右肋側，左臂伸直，槍身中平。目視左側（圖6-9）。

　　扎槍，左腳起動，右腳向前戳提；同時右手刺槍，左臂

圖 6－8

圖 6－9

伸直滑握槍柄，槍身中平。目視前方（圖6-10）。

　　以上攔、拿、扎動作反覆三次，最後成左弓步刺槍（圖6-11）。

　　【要點】：攔、拿、扎是槍術中的核心動作，突出中平槍，槍尖、鼻尖、腳尖「三尖相照」。攔、拿就是槍尖「畫圈」，所畫的圈不能超過胸寬。扎要扎在中心線上，即所謂

圖6-10

圖6-11

八極拳

三尖相照。動作時，擰腰坐胯；刺扎時，要快、猛；拉槍時要捷、靈，槍不離身，右手握槍不露把，左手握槍滑把不離槍身。攔、拿、扎發力時，力發於腰，勢要穩，扎要準，力要狠。

6.轉身攔槍

右手拉槍左擺，槍把置於胸前，左臂伸直，左手沿槍身下滑；右轉體，雙手碾動成右弓步。目視左側（圖6-12）。

7.上步正踢腿

上身動作不變。右腳起動，正踢左腿。目視前方（圖6-13）。

8.行步

落左腳，右腳用力向後踏地翻蹬，左右腳交替向前行走6～8步，上身動作不變。目視前方（圖6-14、圖6-15、圖6-16）。

圖 6－12　　　　　　圖 6－13

圖 6－14

圖 6－15

圖 6－16

圖 6－17

9. 定步攔、拿、扎

　　落步左轉體成馬步；攔、拿、扎，槍法要求與行步攔、拿、扎相同。目視左側（圖6-17、圖6-18、圖6-19）。

八極拳

圖 6－18

圖 6－19

第二段

10. 跨步刺槍

橫邁左腳，右腳斜跨，左轉體成弓步；槍身貼近腹部，槍尖向右擺動畫弧平刺後，隨即拉回。目視槍尖（圖 6－20、圖 6-21、圖 6-22）。

圖 6－20

圖 6－21

圖 6－22

第六章　槍術競賽規定套路

八極拳

11. 跟步扣把

右腳起動，左腳向左前方邁出，右腳跟上；雙手握槍，右手滑動豎劈槍身，槍尖在身體的下側。目視前方（圖6-23）。

12. 提膝扣槍

左腳起動，提右膝；雙手握槍向前豎劈，槍把置於右側腰際，槍尖在前，槍身平。目視槍尖（圖6-24）。

13. 攔點槍

落右腳成右弓步；將槍向前刺出後，隨即向下攔槍並點刺。目視槍尖（圖6-25、圖6-26、圖6-27）。

14. 倒把槍

右手抽槍，左右手滑動洗槍換把；提左膝，左手握槍把，右手握槍身，槍身豎立。目視槍尖（圖6-28）。

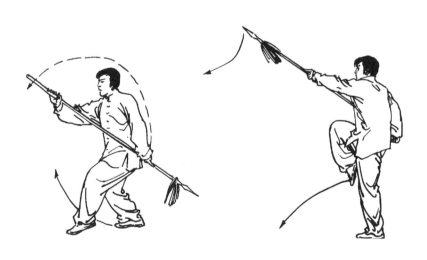

圖6-23　　　　　　　　　圖6-24

圖 6-25

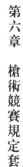

第六章　槍術競賽規定套路

圖 6-26

圖 6-27　　　　　　　　　圖 6-28

15. 後躍步撲槍

　　落左腳，左右腿交替後躍起，雙腳落地成左仆步；雙手握槍，槍身向左畫弧一周撲地。目視槍尖（圖6-29、圖6-30）。

16. 單手刺槍

　　起動右腳，左腳向前邁出，右轉體成馬步；左手刺槍，槍身平，右臂後擺伸平，手掌直立。目視槍尖（圖6-31）。

圖 6-29

圖 6-30

圖 6-31

17. 左右擺槍

　　撤左腿，左轉體成馬步，左手拉槍，右手接槍平端；右腳起動，左腿向前邁一步，槍尖由右向左畫弧擺動，左右交替動作兩次後，左手刺槍，右手拉回，右轉體成馬步；後套右腿跨左腳，左攔槍，右拿槍，左轉體弓步刺槍。目視槍尖（圖 6-32、圖 6-33、圖 6-34、圖 6-35、圖 6-36、圖 6-37、圖 6-38）。

圖 6－32　　　　　圖 6－33

圖 6－34

圖 6－35

圖 6-36　　　　　圖 6-37

圖 6-38

第六章　槍術競賽規定套路

八極拳

18. 舞花刺槍

右轉體攔槍，右腳起動，上左腿舞花，成左弓步刺槍。
目視槍尖（圖6-39、圖6-40、圖6-41、圖6-42、圖6-43）。

圖6-39　　　　　　　　圖6-40

圖6-41　　　　　　　　圖6-42

圖 6－43

19. 轉身提腿刺槍

右轉體拉槍成馬步持槍式；左腳起動，上右腳，左轉體，槍隨身體豎向旋轉，左腿提起，槍尖由左腳心內側刺出。目視槍尖（圖6-44、圖6-45）。

圖 6－44

圖 6－45

20. 挑槍把

落左腳上右腳，左轉體成右弓步；右手將槍把由下向上挑起，左手握槍配合。目視右側（圖6-46）。

21. 舞花刺槍

右腳起動，上左腿舞花拿槍成左弓步刺槍。目視槍尖（圖6-47、圖6-48、圖6-49）。

圖 6-46

22. 弓步背槍

右手後拉槍，提左膝槍身豎立，槍尖橫掃左腿外側；落右腿舞花背槍成右弓步，右手平擺置於身體右上側。目視左側（圖6-50、圖6-51、圖6-52、圖6-53）。

圖 6-47　　　　　　　　　圖 6-48

圖 6－49

圖 6－50

圖 6－51

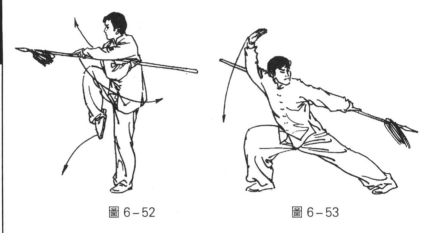

圖 6－52　　　　　　　　圖 6－53

第三段

23. 轉身躍步摔槍

① 提右膝，右手接槍，左手鬆開（圖6-54、圖6-55）。

圖 6－54　　　　　　　　圖 6－55

②右轉體，落右腳，提左膝；左手掌扶槍躍起成仆步摔槍，左手沿槍身後滑，掌心按於右手前。目視槍尖（圖6-56、圖6-57）。

24.左右穿槍

①起身成馬步，右手拉槍，左臂伸直滑握槍身（圖6-58）。

②後套右腿，右手握槍把向內旋轉套於背後，提左膝，右手指將槍平推出，左手持槍，右臂自然伸直（圖6-59）。

圖 6-56 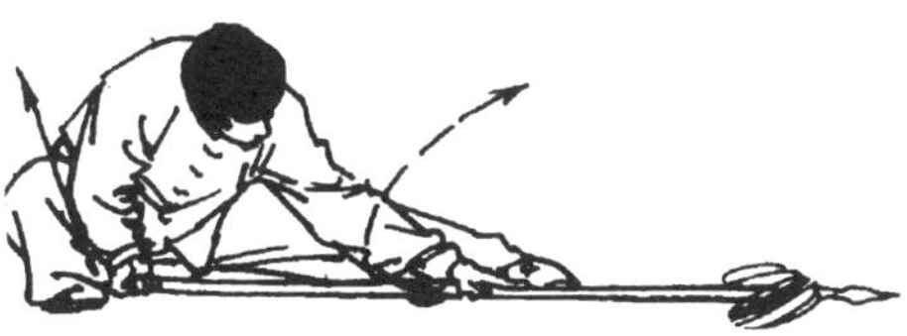　　　　　　圖 6-57

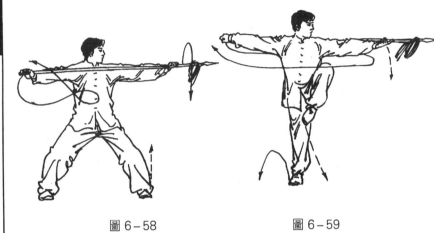

圖6-58　　　　　　　　圖6-59

③落左腳，右手接槍，右轉體，雙手配合將槍向右側推出（圖6-60）。

④上左腿，右轉體，右手拉槍成右弓步，左轉體右手左推槍成左弓步；右轉體右手平拉換向握槍沿頸側向右刺出，成右弓步（圖6-61、圖6-62、圖6-63）。

5左手推槍，撤右腿，右手拉槍，成馬步持槍式。目視槍尖（圖6-64、圖6-65）。

25.挑槍把

左轉體，左腳

圖6-60

圖 6－61

圖 6－62

圖 6－63

圖 6－64

圖 6－65　　　　　　　圖 6－66

後撤成右弓步，右手挑槍把。目視右側（圖6-66）。

26. 舞花劈槍

舞槍花；右腿後撤，震腳劈槍，左腳向前邁半步成半馬

圖 6-67

圖 6-68

圖 6-69

圖 6-70

步持槍式。目視槍尖（圖 6-67、圖 6-68、圖 6-69、圖 6-70）。

27.歇步抱槍

起動左腳跟右腳成歇步；槍身撥動，槍尖內旋半周豎直；左手抱槍。目視前方（圖6-71）。

28.併步點槍

起動右腳跟左腳，身體立正；雙手滑握槍把，槍尖下點。目視前方（圖6-72）。

29.震腳刺槍

提右膝震腳，左腿邁出崩槍，再成左弓步刺槍。目視槍尖（圖6-73、圖6-74）。

圖6-71   圖6-72

圖 6－73

圖 6－74

第六章　槍術競賽規定套路

八極拳

圖 6-75　　　　　　　圖 6-76

圖 6-77　　　　　　　圖 6-78

30. 舞花刺槍

轉身攔槍，右腳起動，上左腿舞花拿槍，成左弓步刺槍。目視槍尖（圖6-75、圖6-76、圖6-77、圖6-78、圖6

圖 6－79

圖 6－80

－79、圖 6-80）。

31. 抱、攏、刺槍

拉槍成馬步持槍式，左轉體成歇步，刺槍後拉回，槍把置於左腋下，槍身水平貼近左前臂內側；邁右腳攏槍，震右

圖 6-81　　　　　　圖 6-82

圖 6-83

腳上左腳攔槍刺。目視槍尖（圖 6-81、圖 6-82、圖 6-83、圖 6-84、圖 8-85、圖 6-86）。

圖 6-84

第
六
章

槍
術
競
賽
規
定
套
路

八極拳

圖 6-85

圖 6－86

32.挑槍把

右轉體成右弓步；右手將槍拉回並將槍把挑起。目視右側（圖6-87）。

圖 6－87

第四段

33.躍步劈槍

行步舞花,躍起拿槍成右仆步。目視槍尖(圖6-88、圖6-89、圖6-90)。

圖6-88　　　　　　　　　　圖6-89

圖6-90

八極拳

34. 弓步刺槍

左轉體，順勢成左弓步刺槍。目視槍尖（圖6-91）。

35. 轉身提腿刺槍

右轉體拉槍成馬步持槍式，左腳起動上右腳，左轉體，槍隨身體立向旋轉，左腿平提，腳尖朝上，槍尖由左腳內側刺出。目視槍尖（圖6-92、圖6-93）。

36. 挑槍把

落左腳，右轉體，雙腳後滑；槍把挑起。目視槍把（圖6-94）。

37. 舞花刺槍

右腳起動上左腳舞花拿槍，成左弓步刺槍。目視槍尖（圖6-95、圖6-96、圖6-97）。

圖6-91

圖 6－92　　　　　　　　　　圖 6－93

圖 6－94　　　　　　　　　　圖 6－95

第
六
章

槍
術
競
賽
規
定
套
路

八
極
拳

圖 6－96

圖 6－97

第五段
38.翻身摔條

　　左手拉槍，右手換反把，躍起轉身一周成左仆步；槍豎向旋轉一周，槍身摔地，槍尖在身體左側，左手握槍櫻部位，右手滑扶槍身置左手虎口前側。目視右側（圖 6-98、

圖 6-98

圖 6-99

圖 6-100

八極拳

圖 6-99、圖 6-100）。

39. 併步刺槍

起身左轉體，右腳跟上成屈體併步；右手推槍刺出，左手滑握槍把。目視槍尖（圖 6-101）。

圖 6–101

40. 轉身拉槍

跨右腳，右轉體成右弓步；右手拉槍置於胸前，左手直臂滑握槍身，槍身貼於左肋間。目視右側（圖 6–102）。

圖 6–102

41. 舞花劍槍

右腳起動，上左腳舞花拿槍，成左弓步刺槍。目視槍尖
（圖6-103、圖6-104、圖6-105、圖6-106、圖6-107）。

圖6-103　　　　　　　圖6-104

圖6-105　　　　　　　圖6-106

八極拳

圖 6－107

42. 撥撩戳槍

①右手拉槍貼於腰際，左手直臂滑握槍身，提左膝，槍尖下擺，由右至左橫掃撩起（圖6-108）。

②上右腿成右虛步，槍身立直戳地，右手握槍，左手立掌置於右手後側。目視前方（圖6-109）。

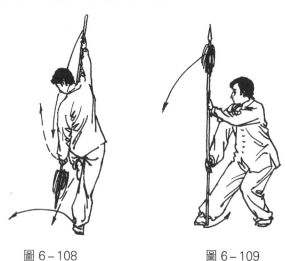

圖 6－108   圖 6－109

43. 舞花攔、拿、扎

右腳尖勾提槍把，舞花行步攔、拿、扎槍，連續3次後
成左弓步刺槍。目視槍尖（圖6-110、圖6-111、圖6-
112、圖6-113、圖6-114、圖6-115、圖6-116）。

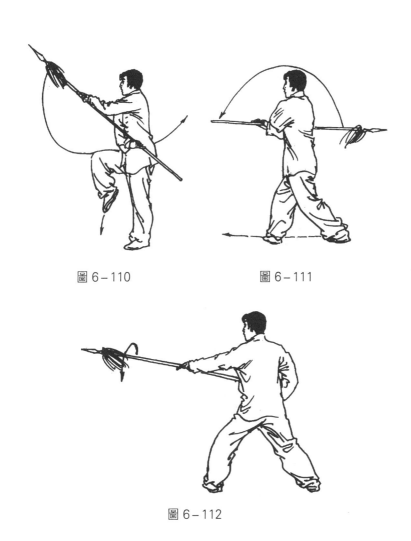

圖6-110   圖6-111

圖6-112

圖 6-113

圖 6-114

圖 6-115

圖 6-116

第六段

44.撤步纏絲

右手拉槍的同時撤步，槍身於胸前水平畫弧，槍尖旋轉與撤步同步進行，連續3次後，右轉體落腳成馬步持槍式。目視槍尖（圖6-117、圖6-118、圖6-119）。

圖6-117

圖6-118

圖 6－119   圖 6－120

45. 舞花刺槍

轉身攔槍，右腳起動，上左腳舞花拿槍，成左弓步刺槍。目視槍尖（圖6-120、圖6-121、圖6-122、圖6-123、圖6-124）。

八極拳

圖 6－121   圖 6－122

圖 6－123

圖 6－124

46. 倒把刺槍

① 右手拉槍成馬步持槍式，右跨左腳拿槍，邁右腳成右弓步刺槍。目視槍尖（圖6-125、圖6-126、圖6-127、圖6-128）。

圖6-125

圖6-126

圖 6－127

圖 6－128

②左手換把握槍後，將槍拉回，上右腳跨左腳，拿槍
成弓步持槍式。目視槍尖（圖 6 –129、圖 6 –130、圖 6 –
131、圖 6–132）。

圖 6 – 129　　　　　　　圖 6 – 130

圖 6 – 131

八極拳

圖 6－132

47.歇步拿槍刺

①右手拉槍，左手直臂滑槍身，右轉體成弓步持槍式
（圖6-133、圖6-134）。

②左腳向左前方邁半步，右腳後套步的同時拿槍，跨
左腳左轉體成弓步刺槍。目視槍尖（圖6-135）。

圖 6－133

圖 6-134

圖 6-135

48. 舞花刺槍

　　轉身攔槍，右腳起動上左腿舞花拿槍，成左弓步刺槍。目視槍尖（圖 6-136、圖 6-137、圖 6-138、圖 6-139、圖 6-140）。

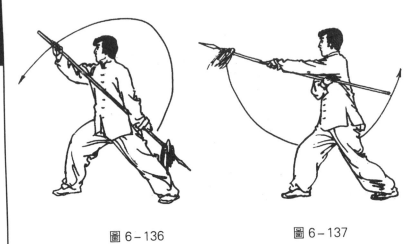

圖 6-136　　　　　　　　圖 6-137

圖 6-138

圖 6－139

圖 6－140

第六章 槍術競賽規定套路

八極拳

49. 震腳背槍

右手拉槍舞花背槍，震右腳，上左腿成左弓步，左手立掌由胸前推出。目視前方（圖6-141、圖6-142、圖6-143）。

50. 收勢

① 右手反持槍柄向前撩擺一周，槍身立直戳於右腳右側，左手配合由虎口滑握槍身，收左腳成立正姿勢（圖6-

圖6-141　　　　　　　圖6-142

圖6-143

144、圖6-145）。

　②左手向身體左側平推出。目視左手（圖6-146）。

　③左手落下收勢。目視前方（圖6-147）。

圖 6-144

圖 6-145

圖 6-146

圖 6-147

八極拳

槍術競賽規定套路路線圖

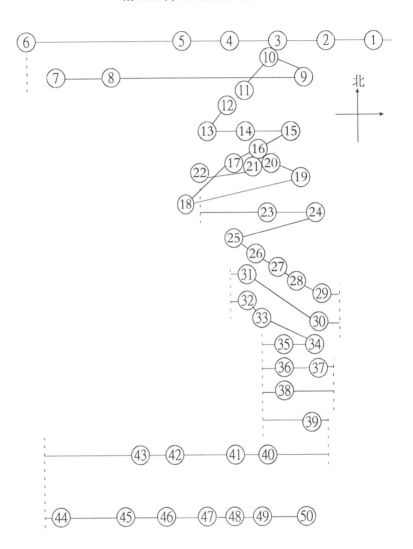

導引養生功

張廣德養生著作　每冊定價350元

1 疏筋壯骨功＋VCD
定價350元

2 導引保健功＋VCD
定價350元

3 頤身九段錦＋VCD
定價350元

4 九九還童功＋VCD
定價350元

5 舒心平血功＋VCD
定價350元

6 益氣養肺功＋VCD
定價350元

7 養生太極扇＋VCD
定價350元

8 養生太極棒＋VCD
定價350元

9 導引養生形體詩韻＋VCD
定價350元

10 四十九式經絡動功＋VCD
定價350元

輕鬆學武術

1 二十四式太極拳＋VCD
定價250元

2 四十二式太極拳＋VCD
定價250元

3 八式十六式太極拳＋VCD
定價250元

4 三十二式太極劍＋VCD
定價250元

5 四十二式太極劍＋VCD
定價250元

6 二十八式木蘭拳＋VCD
定價250元

7 三十八式木蘭扇＋VCD
定價250元

8 四十八式太極劍＋VCD
定價250元

太極跤

1 太極防身術
定價300元

2 擒拿術
定價280元

3 中國式摔角
定價350元

彩色圖解太極武術

1 太極功夫扇

定價220元

2 武當太極劍

定價220元

3 楊式太極劍

定價220元

4 楊式太極刀

定價220元

5 二十四式太極拳＋VCD

定價350元

6 三十二式太極劍＋VCD

定價350元

7 四十二式太極劍＋VCD

定價350元

8 四十二式太極拳＋VCD

定價350元

9 楊式十八式太極劍

定價350元

10 楊氏二十八式太極拳＋VCD

定價350元

11 楊式太極拳四十式＋VCD

定價350元

12 陳式太極拳五十六式＋VCD

定價350元

13 吳式太極拳五十六式＋VCD

定價350元

14 精簡陳式太極拳八式十六式

定價220元

15 精簡吳式太極拳三十六式 拳架・推手

定價220元

16 夕陽美功夫扇

定價220元

17 綜合四十八式太極拳＋VCD

定價350元

18 三十二式太極拳 四段

定價220元

19 楊式三十七式太極拳＋VCD

定價350元

20 楊氏五十一式太極劍＋VCD

定價350元

21 嫡傳楊家太極拳精練二十八式

定價220元

22 嫡傳楊家太極劍五十一式

定價220元

23 嫡傳楊家太極刀十三式

定價220元

1 醫療養生氣功　定價250元

2 中國氣功圖譜　定價250元

3 少林醫療氣功精粹　定價250元

4 龍形實用氣功　定價220元

5 魚戲增視強身氣功　定價220元

7 道家玄牝氣功　定價200元

8 仙家秘傳祛病功　定價160元

9 少林十大健身功　定價180元

10 中國自控氣功　定價250元

11 醫療防癌氣功　定價250元

12 醫療強身氣功　定價250元

13 醫療點穴氣功　定價250元

14 中國八卦如意功　定價180元

15 正宗馬禮堂養氣功　定價420元

16 秘傳道家筋經內丹功　定價300元

17 三元開慧功　定價250元

18 防癌治癌新氣功　定價180元

19 禪定與佛家氣功修煉　定價200元

20 顛倒之術　定價360元

21 簡明氣功辭典　定價360元

22 八卦三合功　定價230元

23 朱砂掌健身養生功　定價250元

24 抗老功　定價230元

25 意氣按穴排濁自療法　定價250元

27 健身祛病小功法　定價200元

28 張氏太極混元功　定價250元

30 中國少林禪密功　定價200元

31 郭林新氣功　定價400元

32 八卦之源與健身養生 太極　定價220元

33 現代原始氣功1　定價400元

34 開闊太極　定價300元

35 通靈功一養生法病及入門法　定價300元

37 太極內功養生法　定價180元

38 無極養生氣功　定價200元

39 氣的實踐小周天健康法 小周天健康法　定價200元

40 達摩易筋經+DVD　定價350元

42 精功易筋經　定價200元

運動精進叢書

1 怎樣跑得快

定價200元

2 怎樣投得遠

定價180元

3 怎樣跳得遠

定價180元

4 怎樣跳的高

定價180元

5 高爾夫揮桿原理

定價220元

6 網球技巧圖解

定價220元

7 排球技巧圖解

定價230元

8 沙灘排球技巧圖解

定價230元

9 撞球技巧圖解

定價230元

10 籃球技巧圖解

定價220元

11 足球技巧圖解

定價230元

12 羽毛球技巧圖解

定價220元

13 乒乓球技巧圖解

定價220元

14 曲線球與飛碟球

定價300元

15 街頭花式籃球

定價280元

16 精彩高爾夫

定價330元

17 巴西青少年足球訓練方法

定價230元

18 籃球個人技術全圖解+VCD

定價300元

19 門球(槌球)入門與提升180問

定價230元

20 美國青少年籃球訓練方式250例

定價280元

21 單板滑雪技巧圖解+VCD

定價350元

22 籃球教學訓練遊戲

定價280元

23 羽毛球技·戰術訓練與運用

定價280元

健康加油站

1 糖尿病 預防與治療
定價200元

2 胃部機能與強健

胃部
定價180元

3 不孕症治療

不孕症治療
定價200元

4 簡易醫學急救法

問診 醫學急救法
定價200元

5 肥胖健康診療

肥胖 健康診療
定價200元

6 肝功能健康診療

肝功能 健康診療
定價200元

---

7 高血壓健康診療

高血壓 健康診療
定價180元

8 高血糖值健康診療
高血糖值 健康診療
定價200元

9 尿酸值健康診療
尿酸值 健康診療
定價200元

10 膽固醇中性脂肪健康診療

膽固醇 中性脂肪 健康診療
定價200元

11 痛風劇痛消除法

痛風 劇痛消除法
定價180元

12 手溫暖健康法

手溫暖健康法
定價180元

---

13 手腳調理按摩
手腳 調理按摩
定價180元

14 B型肝炎預防與治療

B型肝炎 預防與治療
定價180元

15 吃得更漂亮、健康

吃得更漂亮、健康
定價180元

16 茶便您更健康

茶便您更健康
定價180元

17 圖解常見疾病運動療法

圖解常見疾病 運動療法
定價180元

18 科學健身改變亞健康

科學健身改變亞健康
定價180元

---

19 簡易萬病自療保健

簡易 萬病自療 保健
定價220元

20 王朝秘藥媚酒

王朝秘藥媚酒
定價180元

21 立見實效保健操

立見實效 保健操
定價180元

22 越吃越性福

越吃越 性福
定價200元

23 荷爾蒙與健康

荷爾蒙與健康
定價180元

24 越吃越長壽

越吃越 長壽
定價200元

---

25 自我保健鍛鍊

自我保健鍛鍊
定價160元

26 斷食促進健康

斷食促進健康
定價120元

27 蔬菜健康法

蔬菜健康法
定價200元

28 水果健康法

水果健康法
定價200元

29 越吃越苗條

越吃越苗條
定價200元

30 越吃越聰明
越吃越聰明 EAT SMART
定價200元

---

31 全方位健康藥草
全方位 健康藥草
定價180元

32 人體記憶地圖

人體記憶地圖
定價350元

33 提升免疫力戰勝癌症

提升免疫力 戰勝癌症 CANCER
定價260元

34 腎臟病預防與治療
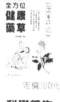
腎臟病 預防與治療
定價230元

35 怎樣配吃最健康

怎樣配吃最健康
定價200元

36 心臟病腦中風預防與治療

心臟病 腦中風 預防與治療
定價180元

---

37 科學養生細部
科學養生 細部
定價350元

38 由人相診斷健康
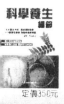
由人相診斷健康
定價160元

39 青春期智慧

青春期智慧
定價200元

40 前列腺健康診療

前列腺 健康診療
定價200元

41 下半身鍛鍊法

下半身鍛鍊法
定價180元

42 四高健康診療

四高健康診療
定價500元

大展好書　好書大展
品嘗好書　冠群可期

大展好書　好書大展
品嘗好書　冠群可期